FLORIAN JAENICKE

Wer bist du?

aufbau

FLORIAN JAENICKE

WER BIST DU?

Unser Leben mit Friedrich

aufbau

Mit 52 Fotos von Florian Jaenicke

MIX
Papier aus verantwortungsvollen Quellen
FSC® C083411
www.fsc.org

ISBN 978-3-351-03768-0

Aufbau ist eine Marke der Aufbau Verlag GmbH & Co. KG

1. Auflage 2020

Einbandgestaltung zero-media.net, München
Satz LVD GmbH, Berlin
Druck und Binden CPI books GmbH, Leck, Germany
Printed in Germany

www.aufbau-verlag.de

Für Susanne

Was für ein Mensch ist das eigene Kind? Und wie finde ich heraus, was es denkt
und fühlt, wenn es sich nicht mitteilen kann?
Wie lebt man mit einem Kind, welches einen nie anschauen wird?
Wie ist es, nie ein Wort mit ihm zu sprechen?
Wie treffe ich die richtigen Entscheidungen für mein Kind ohne dessen
Rückmeldung?
Wie findet man Antworten auf die Frage:
Wer bist Du?

Prolog

Er soll Friedrich heißen.

Ich war noch in der Grundschule und übte, meinen eigenen Namen zu schreiben, da dachte ich darüber nach, wie ich wohl meinen Sohn nennen würde. Friedrich Jaenicke würde schön klingen, fand ich. Zugegeben, dass ist ein sehr früher Zeitpunkt, um über so etwas nachzudenken, keine Ahnung, warum es mich damals beschäftigte. Jedenfalls fiel es mir wieder ein, als meine Frau und ich ein Kind erwarteten.

Sie war zunächst nicht begeistert über meinen Vorschlag. Erst als wir uns auf Fritzi als Namen für ein Mädchen einigten, fand auch sie es schön, wenn ein Junge Friedrich heißen würde, denn ihn könnten wir auch Fritzi rufen.

Fritzi hieß eine Schauspielerin, die wir beide toll fanden, und Friedrich heißt der Sohn der Sängerin der Band »Wir sind Helden«. Und das sollten wir später auf eine gewisse Art auch alle werden: Helden.

* * *

Als meine Frau schwanger wurde, hatten wir schnell Träume und Vorstellungen davon, wie unser Kind wohl sein wird, nicht anders als die meisten werdenden Eltern. Ich hoffte auf einen Jungen, denn die Kindheit eines Jungen konnte ich mir besser vorstellen; aber natürlich hätte ich mich genauso über ein Mädchen gefreut. Ich stellte mir vor, wie ich mit meinem Sohn Fußball spielen und eines Tages mit ihm einen Berg besteigen würde. Ich freute mich darauf, ihm Fahrrad- und vielleicht sogar Skateboardfahren beizubringen. Dinge, die mir in meiner Kindheit viel bedeuteten und von denen ich hoffte, dass sie ihm genauso gut gefallen würden.

Vielleicht würde ich eines Tages mit ihm nach Sizilien reisen, nur er und ich. Eine Reise, die ich mit meinem Vater gemacht habe und die uns damals so nah wie nie zuvor gebracht hat. Das erfüllte mich mit sehnsuchtsvoller Vorfreude. Aber auch nur die Vorstellung, ihn als einen vielleicht Dreijährigen über eine Blumenwiese rennen zu sehen, ließ mein Herz höherschlagen. Es machte uns großen Spaß, Abende lang darüber zu reden, wie es wohl sein wird mit unserem Kind, was wir ihm beibringen würden, was uns in seiner Erziehung wichtig werden oder welchen Beruf er wohl ergreifen würde.

Nicht lange davor hatte ich meine Frau kennengelernt, und nach nicht einmal zwei Jahren hatten wir geheiratet. Das Hochzeitsfest war zauberhaft, ausgerichtet in den Bergen, bei traumhaftem Wetter, mit wunderbaren Freunden, Familie und Tanz bis zum Morgengrauen. Noch heute treffen wir Hochzeitsgäste, die sagen, dass sie nie mehr auf einem so schönen Hochzeitsfest waren. Alles deutete auf eine glückliche Zukunft für uns hin.

Die Erinnerung an diese Zeit wurde später sehr wichtig für uns, gerade weil es dann anders kam.

***

Als klar war, dass all das, was wir in verschiedenen Geburtsvorbereitungskursen über Kliniken, Wasser-, Haus- und Geburtshausgeburten gelernt hatten, hinfällig war und die »Hebammensprechstunde«, ein in unserem Bekanntenkreis sehr gern zur Schwangerschaft verschenktes Buch, keine Antworten auf Fragen nach dem realen Leben mit einem Frühgeborenen mit schwerer Behinderung lieferte, mussten wir uns völlig neu aufstellen und einen Weg finden, wie wir die neue Situation annehmen und bewältigen können.

Meine Frau und ich hatten dabei sehr unterschiedliche Ansätze: Ich entwickelte eine Art Hyperaktivismus, recherchierte im Internet, um meine Sorgen und meine Trauer in eine Art »To-do-Liste« umzuwandeln. Als ob es sich um einen zwar komplizierten, aber doch lösbaren Auftrag handeln würde. Gleichzeitig wurde ich in einem Betroffenen-Forum aktiv und erzählte von jedem Schritt, den wir unternahmen. Außerdem verfasste ich lange Rundmails an Freunde und Familie, in denen ich berichtete, wie es uns ging und welche Pläne wir hatten. Meine Frau hingegen war von der Fürsorge und Pflege Friedrichs Tag und Nacht voll absorbiert. Allein das Einflößen der abgepumpten Milch dauerte Stunden. Dazu nahm sie viele Therapie- und Arzttermine war. Wir waren uns einig darin, alles zu versuchen, um unseren Sohn bestmöglich zu fördern und die Hoffnung nicht aufzugeben, dass am Ende doch alles gut werden würde – und steckten alle verbleibenden Energien in die Recherche über Prognosen, Diagnosen und Heilungsmethoden.

Unsere Reise mit Friedrich begann. Wir lernten viele Menschen und Orte kennen, und bei allen organisatorischen Kraftakten war es das Wichtigste, eine Beziehung zu unserem Kind zu entwickeln, ihn in unsere Herzen einzuschließen und ihn verstehen zu lernen. Jeden Laut, jede Geste und jeden Gesichtsausdruck von ihm galt es zu deuten.

***

Meine Eltern waren beide Grafiker und leidenschaftliche Fotografen, und so war es keine große Überraschung, als diese Leidenschaft auf mich übersprang. Ihre Motive waren sakrale Gebäude, gotische Kirchen, ägyptische Pyramiden oder indische Tempel. Niemals fotografierten sie Menschen. Anders bei mir, meine fotografische Neigung liegt beim Porträt und der Reportage, ich befasse mich beruflich hauptsächlich damit, Menschen mittels der Fotografie dem Betrachter näherzubringen bzw. auf sie neugierig zu machen. Deshalb lag es nahe, mich neben dem alltäglichen Dokumentieren der Kindheit, das mehr oder weniger alle Eltern betreiben, mit meinem Sohn Friedrich fotografisch zu befassen.

Über die Jahre entstanden immer mehr Bilder, und mit der Anzahl der Fotos auf der einen Seite und der langsamen, aber sicheren Gewissheit, dass unser Leben sehr anders als das Leben unserer Freunde verläuft, auf der anderen Seite, entstand mein Wunsch, Friedrichs Geschichte in Bildern und Texten zu erzählen. Aber ich wusste viele Jahre nicht, wie, denn es erschien mir vermessen, Friedrichs Schicksal angesichts all der Menschen, die Ähnliches und Schlimmeres erleiden, zu einem fotografischen Projekt zu erklären; meine Sorge, dass es am Ende ein kitschiges Rührstück werden würde oder der Eindruck entstehen könnte, ich wolle Mitleid, verunsicherte mich. Dennoch wuchsen mein Bedürfnis und meine Überzeugung, dass unsere Geschichte erzählt werden muss. Auch um den Menschen, die nach uns ähnliche Erfahrungen machen, zeigen zu können, dass das Leben nicht zerstört ist, wenn so etwas Schlimmes mit dem eigenen Kind passiert. Dass es nicht aufhört und Glück dort entsteht, wo Liebe ist – unabhängig von den objektiv sehr schwierigen Umständen. Denn die tiefen Täler verschweigen, durch die wir gehen mussten und die uns vielleicht noch bevorstehen, das wollte ich nicht.

Eine meiner Hoffnungen ist, dass Friedrichs Beispiel ein wenig verstehen hilft, wie sich das Leben mit einem mehrfach Schwerstbehinderten anfühlt. Und den Eltern Hoffnung macht, dass sie nicht alleine sind, wenn sie diesen Schicksalsschlag erleiden. Außerdem hoffe ich, dass auch völlig unbeteiligte Leser sehen, dass Menschen wie Friedrich ein schweres, aber glückliches Leben haben, welches wert ist, gelebt zu werden. Für ihn, uns Eltern und für unsere Gesellschaft als Ganzes.

***

Die folgenden Bilder mit den kurzen Texten darunter sind im Verlauf des Jahres 2019 in der Fotokolumne des ZEITmagazin erschienen. In den neu entstandenen Texten grabe ich tiefer in meinen Erinnerungen, erzähle die Geschichte unserer kleinen Familie.

Eine Leserin der Fotokolumne im ZEITmagazin schrieb mir, dass es darin in Wahrheit eigentlich gar nicht um Friedrich oder uns geht, sondern vielmehr um das Leben an sich.

Valbonne, Frankreich im Juni 2019

»Das ist unser Sohn Friedrich – 13 Jahre ist er jetzt schon alt. Ich kann ihn nicht fragen, ob es ihm recht ist, dass hier Fotos von ihm erscheinen, doch ich hoffe, er fände es ok. Friedrich kann weder mit mir sprechen, noch mir in die Augen sehen, weil er seinen Blick nicht so lange fixieren kann. Er kann auch nicht allein sitzen oder laufen. Für mich sind meine Fotos ein Versuch, ihn besser zu verstehen, Antworten auf die Frage zu finden: Wer bist Du?«

Der Tag, an dem Friedrich geboren wurde, begann mit einem komischen Ziehen, das meine Frau im Rücken spürte. Erst dachte sie, sie müsse auf die Toilette; wir kamen gar nicht auf die Idee, dass es Wehen sein könnten.

Wie jeden Morgen kochte ich Kaffee für uns, meine Frau kam nach kurzer Zeit wieder und setzte sich an den Frühstückstisch. Und wieder spürte sie dieses Ziehen. Noch immer wussten wir nicht genau, was es bedeutet.

Schließlich riefen wir die Frauenarztpraxis an. Die Arzthelferin erteilte uns barsch eine Abfuhr: »Der Wehenschreiber ist gerade belegt.« Erst auf Drängen meiner Frau sagte sie schließlich, wir sollten vorbeikommen.

Bis wir dort waren, kamen die Wehen schon in regelmäßigen Abständen. Die Praxis lag im zweiten Stock, den man nur über Treppen erreichen konnte. Mühsam ging meine Frau hinauf in die tatsächlich sehr volle Praxis. Die Sprechstundenhilfe wirkte überfordert und genervt davon, dass wir jetzt auch noch ohne Termin da waren. Nach einer gefühlten Ewigkeit kam die Frauenärztin vorbei und bat meine Frau in ihr Zimmer. Dort auf dem Stuhl saß meine Frau, mittlerweile in schweren Wehen. Ein Anblick, der eine Aura hatte, die ich nie zuvor gesehen hatte. Die Ärztin rief sofort einen Krankenwagen, und wenig später trugen zwei Sanitäter meine Frau auf einer Trage das Treppenhaus hinunter in den Rettungswagen. Man sah ihnen die Angst an, dass sie es nicht rechtzeitig ins Krankenhaus schaffen und meine Frau im Krankenwagen niederkommen würde, deshalb fuhr die Frauenärztin mit. Ich fuhr hinterher, musste aber weit vor der Klinik parken und zur Geburtsstation rennen. Durch den unnötigen Ausflug zur Frauenärztin verloren wir wertvolle Zeit, in der man vielleicht die Geburt noch aufhalten und eine Lungenreifespritze hätte setzen können. So war alles nach zweieinhalb Stunden vorbei.

Wir werden oft gefragt, ob wir den Ärzten Vorwürfe machen: Nein, das tun wir nicht, dennoch denken wir manchmal darüber nach, ob unser Leben nicht anders verlaufen wäre, wenn die Sprechstundenhilfe uns damals sofort ins Krankenhaus geschickt hätte.

Wenn ich einen Rat an werdende Eltern habe, dann diesen: Wenn während der Schwangerschaft irgendetwas Ungewöhnliches passiert, fahren Sie sofort und ohne Umwege in das nächste Krankenhaus, am besten mit einem Krankentransport, und lassen Sie sich dort von genervten Ärzten oder Schwestern, die Sie vielleicht für hysterisch halten, nicht verunsichern.

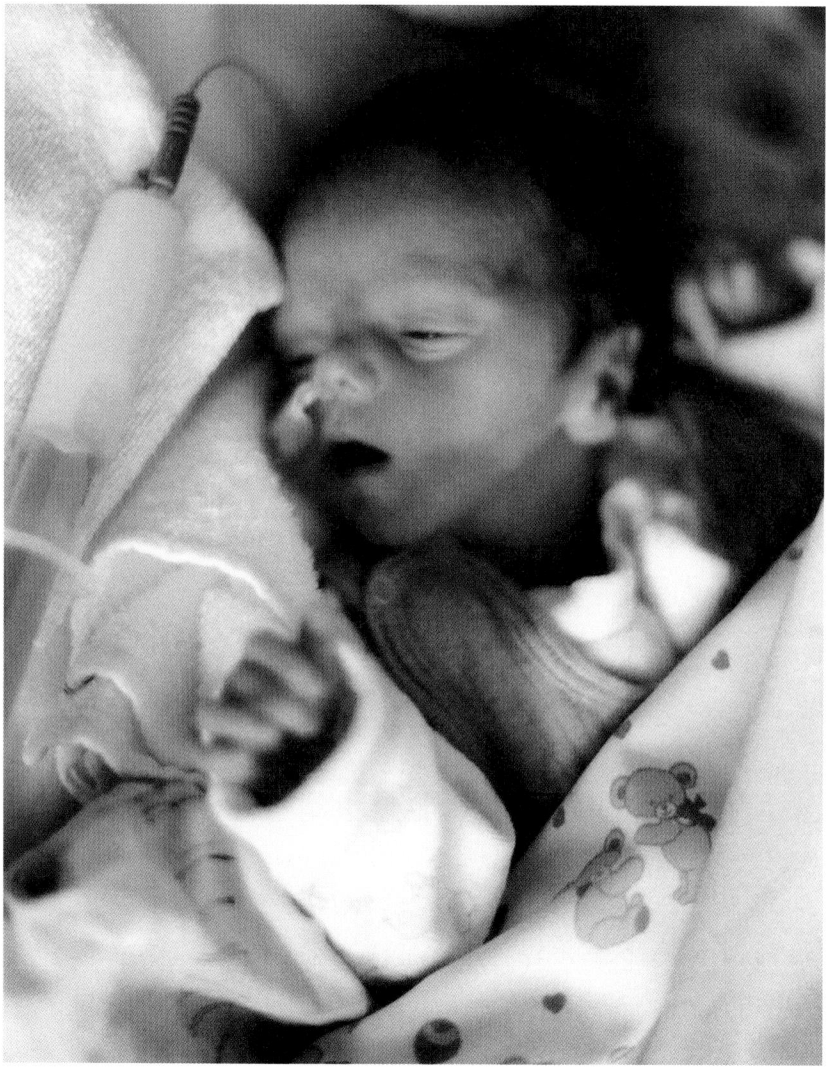

Das ist eines der ersten Fotos von ihm, kurz nach der Geburt, zwei Monate zu früh. Als ich dieses Bild machte, wussten wir noch nicht, dass sein Gehirn schwer geschädigt war. Ich werde nie vergessen, wie ich ihn das erste Mal sah. Ein dunkelroter kleiner Kopf, der zu schreien versuchte, ohne dass auch nur ein Laut zu hören war..

»Wir werden ihren Sohn in den Raum hinter der Tür bringen, da dürfen sie leider nicht mit«, sagten zwei Ärzte ruhig und bestimmt zu mir, während meine Frau sich mit schweren Wehen neben mir wand. Die Hebamme entschuldigte sich ebenfalls: Es sei nicht möglich, dass ich die Nabelschnur durchtrenne, ein Ritual, dass mir ohnehin egal war. Meine Frau machte den Eindruck, als ob sie nur Profis an sich ranlassen würde – was ich in ihrer Situation nachvollziehbar fand. Nur fühlte ich mich ein bisschen so wie ein entfernter Verwandter auf einem Familienfest, der irgendwie dazugehört, aber eigentlich nur im Weg steht.

Plötzlich ging alles ganz schnell, und die Hebamme überreichte dem Arzt Friedrich, der violett gefärbt war. Friedrich versuchte zu schreien – ohne einen Ton von sich zu geben. Ein Anblick, den ich nie vergessen werde. Die besagte Tür ging schnell auf, dahinter stand ein Team von Ärzten und Schwestern. Nach einem Wimpernschlag ging sie auch schon wieder zu und wir waren mit der Hebamme allein im Kreißsaal. Meine Frau sagte zu ihr noch »Herzlichen Dank«, was diese so noch nie von einer Mutter nach der Geburt gehört hatte. Meine Frau musste medizinisch versorgt werden und Friedrich ebenso, weshalb wir zunächst von ihm getrennt waren. Das war sehr hart. Vor allem für meine Frau.

Nach einer gefühlten Ewigkeit durfte ich ihn sehen. Er lag im Brutkasten: ein kleines Wesen mit einer winzigen Wollmütze, die die Schwestern für die Frühchen stricken. Friedlich schlafend, mit einem dünnen Schlauch in der Nase.

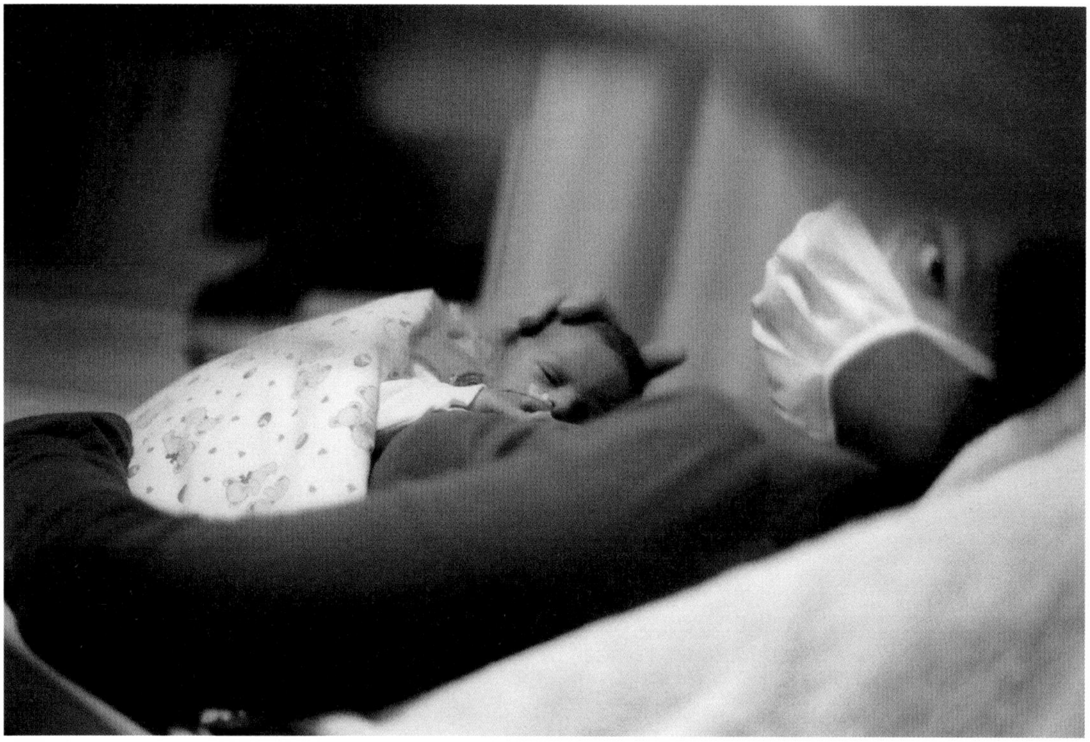

In den ersten Tagen durften wir unser Kind, aus Angst vor Infektionen, nicht küssen. Das war schwer für uns.
Immerhin durften wir ihn auf unsere Brust legen, so dass er unseren Herzschlag fühlte. Stundenlang.

Er war so schön.

Ich habe noch genau die erste Frage in Erinnerung, die der Arzt mir nach der Geburt stellte: ob es vielleicht sein könnte, dass wir uns im Termin verrechnet hätten, da Friedrich ungewöhnlich schwer für die 31. Schwangerschaftswoche war. Ich verneinte, denn wir konnten den Moment der Zeugung errechnen, da ich damals oft verreist war.

Im Nachhinein denken wir, dass das Ärzteteam unseren Sohn vielleicht reifer einschätzte, als er war, weswegen er in der Erstbehandlung eventuell nicht ausreichend versorgt wurde. Wir werden nie erfahren, was die konkrete Ursache für den erlittenen Sauerstoffmangel war. Ob dieser die Frühgeburt auslöste, also kurz vor der Geburt stattfand, ob er unter der Geburt passierte oder kurz danach.

Wie immer es war, es macht keinen Unterschied und ändert nichts an unserem Leben, wie es jetzt ist.

Für meine Frau war die erste Zeit schlimmer als für mich, da sie nach all dem, was sie durchmachte, noch nicht einmal ihr Kind im Arm halten durfte.

Erst am nächsten Tag durften wir Friedrich berühren, aber wir mussten einen Mundschutz tragen. Wir besuchten ihn auf der Intensivstation, die wir durch eine Schleuse betraten, um möglichst keimfrei dort hinzukommen.

Der März 2005 wurde noch einmal richtig kalt, es schneite sogar in Hamburg. Auf der Intensivstation war das Licht gedimmt, und durch die Fenster konnte man den kalten norddeutschen Winterhimmel sehen. Immer wieder piepte irgendwo ein Alarm, wenn der Puls oder der Sauerstoffgehalt des Blutes bei einem Frühchen abfiel. Neben Friedrich lagen dort Frühgeborene, die weitaus früher zur Welt gekommen waren. Sie sahen aus wie kleine Vögelchen, die aus dem Nest gefallen waren. Die anderen Eltern waren voller Sorge wie wir und wussten ebenfalls nicht, was man zueinander sagen sollte. So stand man meist schweigsam nebeneinander.

Manchmal ertappte ich mich bei dem ehrlosen Gedanken, dass wir mit Friedrich eigentlich noch Glück hatten, da er vergleichsweise groß war; eine Fehleinschätzung, denn er war eines der am schlimmsten betroffenen Kinder auf der Station.

In dieser Zeit fühlten wir uns sehr allein, obwohl gute Freunde und die Familie uns trösteten, so gut es ging. Aber niemand konnte uns sagen, wie es werden wird, wie es ist, mit einem Kind zu leben, das ganz anders sein wird, als wir es uns vorgestellt hatten. Im Gegenteil, jeder Kinderwagen, Babyladen oder Spielplatz erinnerte uns daran, dass diese heile Kinderwelt für uns nicht existieren würde, dass wir nicht dazugehören würden.

Bald darauf besuchte uns der Kinderarzt in unserer Zweizimmerwohnung.

Er schaute mir in die Augen und sagte: »Na, Sie sehen immerhin nicht so aus, als ob Sie gleich weglaufen werden.« Ich war sprachlos – was für eine Unverschämtheit. Er sagte nur, er hätte das oft gesehen: Väter, die ihre Frauen nach so einer Diagnose mit dem kranken Kind sitzen lassen.

Jeder muss für sich persönlich einen Weg finden, mit dem Trauma umzugehen. Viele Beziehungen zerbrechen daran, oft sind es die Männer, die gehen, aber es gibt auch Frauen, die mit der Situation nicht fertig werden und Vater und Kind verlassen.

Das waren wir.
Eine junge Familie voller Zuversicht und Hoffnung. Heute sehe ich deutlich älter aus, grau und auch nicht mehr ganz so schlank. Meine Frau ist, trotz allem, was wir erlebten, schön wie eh und je. Viele Familien trennen sich, wenn ein Kind nicht gesund auf die Welt kommt. Uns hat es auch zusammengeschweißt, obwohl wir nicht immer einer Meinung sind und schwere Entscheidungen zu treffen haben. Und natürlich gibt es auch Zeiten, in denen wir den anderen auf den Mond schießen wollen.
Aber wir sind zusammen – welch ein Glück.

In Friedrichs erstem Lebensjahr kamen von überall Ratschläge und Tipps. Viele hatten von irgendeiner vielversprechenden Therapie gehört, eine Dokumentation im Fernsehen über eine tolle Einrichtung gesehen oder wussten von wundersamen Heilungen. Wir hatten uns schon mit einer Klinik für Stammzellenforschung in China auseinandergesetzt, von Kliniken in Russland und den USA gehört, die für hohe Summen Heilerfolge versprechen. Und von einer Klangtherapie in Belgien, bei der die Geräusche, die das Kind im Mutterleib hörte, imitiert und dem Kind über Kopfhörer vorgespielt werden.

Während ich doch eher langweilig schulmedizinisch gepolt bin und es nicht nur oft sinnlos, sondern auch verwerflich finde, wenn Menschen aus der Verzweiflung von Kranken ein Geschäftsmodell machen, ist meine Frau alternativen Heilmethoden gegenüber weniger ablehnend eingestellt, da die Schulmedizin oft an ihre Grenzen stößt. Und so kommt es immer wieder zu grundsätzlichen Diskussionen, denn am Ende geht es darum, worauf man hofft und worauf nicht. Statistiken halfen in unserer Situation wenig, denn statistisch gesehen war die Wahrscheinlichkeit, ein Kind mit Friedrichs Befund zu bekommen, vernachlässigbar gering – was uns, die wir diesen Fall erleben mussten, natürlich völlig egal ist. Umgekehrt klammert man sich an jede kleine Chance auf Besserung, sei sie noch so unwahrscheinlich. In unserer jungen Beziehung waren diese Themen, die ja fundamentale Überzeugungen und Lebenseinstellungen betreffen, Ursache für ganz neue Auseinandersetzungen; das Leben mit Friedrich ist noch immer eine stete Prüfung für unsere Beziehung, die oft schwierig zu bewältigen ist. Gleichzeitig hat das gemeinsame Durchleben dieser Ausnahmesituation uns zusammengeschweißt, denn nur wir beide teilen diese Erfahrung wirklich und sind fähig, die Gefühle des anderen zu verstehen.

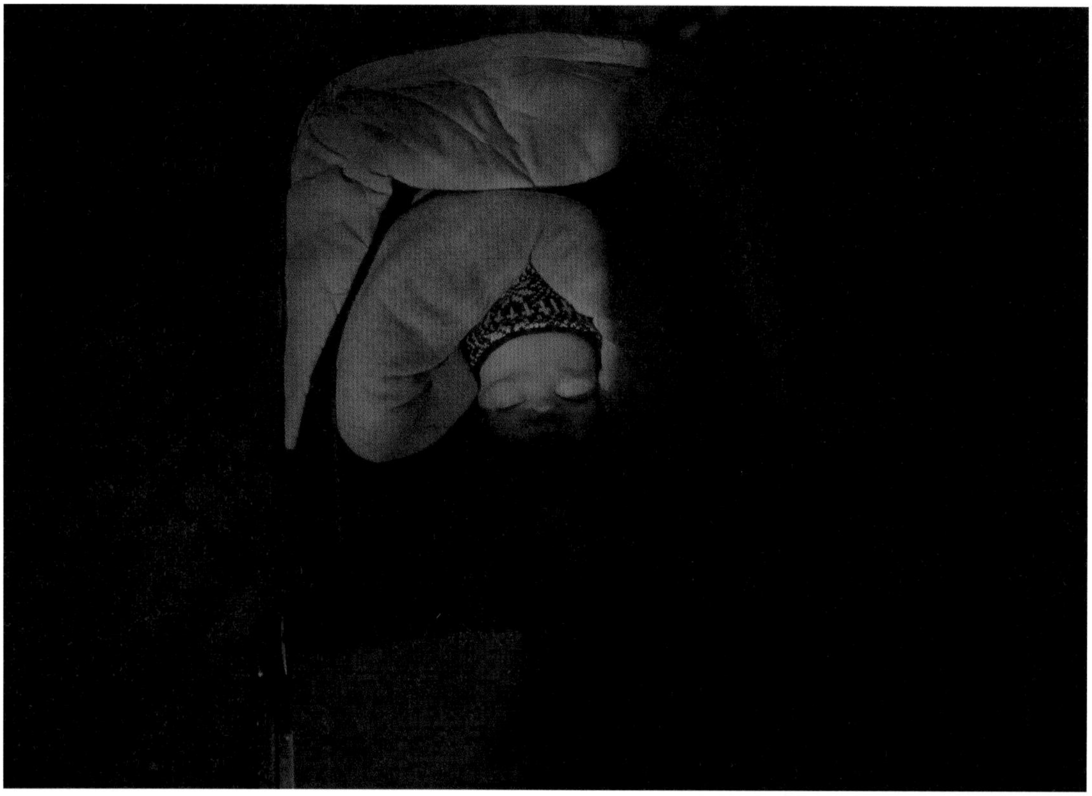

Es war ein kalter Tag, als die ersten Sonnenstrahlen Friedrichs Nase kitzelten. Wir kamen gerade aus der Neonatalstation, wo wir fünf Wochen verbracht hatten. Dort war es, als ob jemand uns in ein Raumschiff auf eine Reise in eine fremde Galaxie gesteckt hätte. All unsere kitschigen Träume, die wir für Friedrichs Kindheit hatten, waren gestorben, kurz nachdem der Chefarzt zu uns gesagt hatte: »Bitte nehmen Sie Platz.«

Die Situation war irreal, ich war gefasst, aber auch ungläubig. Was heißt das: Er wird behindert sein? Wie behindert wird er sein? Was sollen wir, können wir, müssen wir tun?

Auf alle diese Fragen erhielten wir keine konkreten Antworten. Der Chefarzt, ein sportlicher Mann in seinen Fünfzigern, blieb im Ungefähren, vielleicht, um uns nicht zu sehr zu beunruhigen. Das funktionierte nicht wirklich. Ruhig und freundlich sprach er von einer sogenannten Periventrikulären Leukomalazie, bei der am Rande der Ventrikel, zwei mit Flüssigkeit gefüllten Gefäßen in der Mitte des Gehirns, Hirnzellen abgestorben sind. Es ist der Bereich, der als Erstes betroffen ist, wenn ein Sauerstoffmangel entsteht. Und der Ort, an dem die motorische Entwicklung im Gehirn gesteuert wird. Es sei schwer zu sagen, wie stark die Behinderung sein würde, von einer schweren Lähmung mit globaler Retardierung bis zu einem leichten Hinken ohne weitere Beeinträchtigung sei alles möglich.

»Nehmen Sie Friedrich mit nach Hause und kommen Sie in einem Jahr wieder, dann wird man sehen.«

Obwohl wir spürten, dass wir gerade jetzt viel an Wissen hätten gebrauchen können, wussten wir nicht, was wir sagen sollten, welche Fragen die richtigen waren, und so blieben wir sprachlos. Das Gespräch endete mit der höflichsten und galantesten Art, jemanden zum Gehen zu bewegen, mit der Frage: »Kann ich sonst noch etwas für sie tun?«

Für den Chefarzt war es der letzte Termin für heute, und während wir noch einmal Friedrich auf der Intensivstation besuchten, sah ich aus dem Fenster, wie er in seinem offenen Cabrio, mit einem Tennisschläger auf dem Rücksitz, vom Gelände fuhr. Einem anderen Leben entgegen.

Ich versuchte gefasst zu sein und glaubte, dass es jetzt ganz wichtig ist, die Fahne hochzuhalten und nicht zusammenzubrechen, denn ich wollte auch meiner Frau eine Stütze sein, für die das alles ja noch viel schlimmer sein musste. Dachte ich.

Erst ein paar Tage später, es war im Bad, überwältigte mich eine tiefe Trauer, und ich weinte, wie ich davor noch nie geweint habe.

Die Ärzte in Hamburg sagten uns, dass in den ersten beiden Jahren das Gehirn noch sehr plastisch ist und es deshalb schwer wäre, eine Prognose zu stellen; wir sollten nach einem Jahr wiederkommen, dann werde man sehen. Ein Jahr verstreichen lassen, wenn das Gehirn noch Potenzial hat? Wir recherchierten und fanden Ärzte und Therapeuten, die das Gegenteil sagten: Man sollte so schnell wie möglich reagieren, um das Schlimmste zu verhindern. Und so flogen wir nach Budapest.

Im Internet stießen wir recht bald auf ein Betroffenen-Forum für Eltern behinderter Kinder. Während ich Stunden vor dem Rechner verbrachte, unsere Geschichte erzählte und mich in Chats einbrachte, kümmerte sich meine Frau um Friedrichs aufwendige Versorgung und Pflege. Ich las erschütternde Geschichten und schrieb mir meine Sorgen von der Seele. Das half mir, denn durch die Reaktionen der anderen Familien bekam ich das Gefühl, dass wir nicht allein mit unserem Schicksal waren und dass es ein Leben mit einem behinderten Kind geben konnte, auch wenn die Geschichten abstrakt blieben. Meine Frau erinnerte sich, vor langer Zeit eine Dokumentation über ein Institut in Ungarn gesehen zu haben, in dem spastisch gelähmten Kindern das Laufen beigebracht wurde, dem Petö-Institut. Meine Schwiegermutter rief in Budapest an, aber man sagte ihr, dass Friedrich zu jung wäre, und verwies sie an einen Neurologen eines Budapester Krankenhauses. Der Neurologe empfahl uns, eine von ihm entwickelte Physiotherapie mit Friedrich zu turnen, jeden Tag, alle 4 Stunden, auch nachts.

Die Übungen erinnerten an ein Bootcamp. Eisern sollte man mit dem kleinen Mann trainieren – einem wenige Wochen alten Frühgeborenen. Sit-ups, Liegestütze etc.

Das Zimmer in Budapest war günstig, stickig, heiß und die Leute sehr nett. Der Arzt war ein alter Mann, der mich beiseitenahm, nachdem er das MRT-Bild des Gehirns sah. Dort waren überall schwarze Flecken, Löcher wie ein Schweizer Käse. Er sagte zu mir, ohne dass meine Frau es hören konnte: »Sie müssen jetzt sehr stark sein.«

Im Frühstücksraum der Pension, in der wir wohnten, saßen auffällig viele junge Menschen mit geschwollenen Augen und dicken Pflastern auf der Nase. Die Pension wurde von der schönheitschirurgischen Praxis nebenan empfohlen, die günstige Korrekturen aller Art anbot. So waren wir umgeben von Medizintouristen meistens aus westeuropäischen Ländern, die sich die Nasen richten oder die Lippen aufspritzen ließen. Manche waren noch so jung, dass sie in Begleitung ihrer Mutter waren und aussahen, als ob sie anschließend auf ein Fernseh-Casting gehen würden.

Unsere Freundin, die uns beim Übersetzen half, hatte selbst eine behinderte Tochter, die sie bei einer anderen Therapeutin behandeln ließ, die ein anderes Konzept praktizierte. Sie schlug uns vor, mit Friedrich bei dieser vorbeizuschauen.

Das klang nach einer guten Idee, und so lernten wir Edit kennen.

Ihre Praxis lag am Rande der Stadt. Lange fuhren wir über Umgehungsstraßen, vorbei an Kreuzungen, an denen oft arme, alte Menschen bettelten und über denen, hoch an Laternenpfählen befestigt, Werbetafeln für Callgirls und Saunaclubs hingen. Als wir ankamen und aus dem Auto stiegen, hörten wir das Geräusch eines weinenden Kindes. Unsicher und schüchtern traten wir in das Gebäude. Eine kleine, durchtrainierte Frau mit warmherzigen Augen begrüßte uns mit einem holprigen, aber liebenswürdigen Englisch. Wir waren etwas zu früh, deshalb bat sie uns, noch im Wartezimmer Platz zu nehmen. Aus dem Therapieraum klang bald wieder Weinen. Nervös rutschten wir auf den Stühlen hin und her, bis die Tür sich öffnete und eine Mutter mit ihrem erschöpften, aber entspannten Kind im Arm uns freundlich grüßte. Edit bat uns in den Praxisraum. Sie verschwand im Bad, um sich zu waschen, während wir auf dem mit roten Matten ausgelegten Boden Platz nahmen.

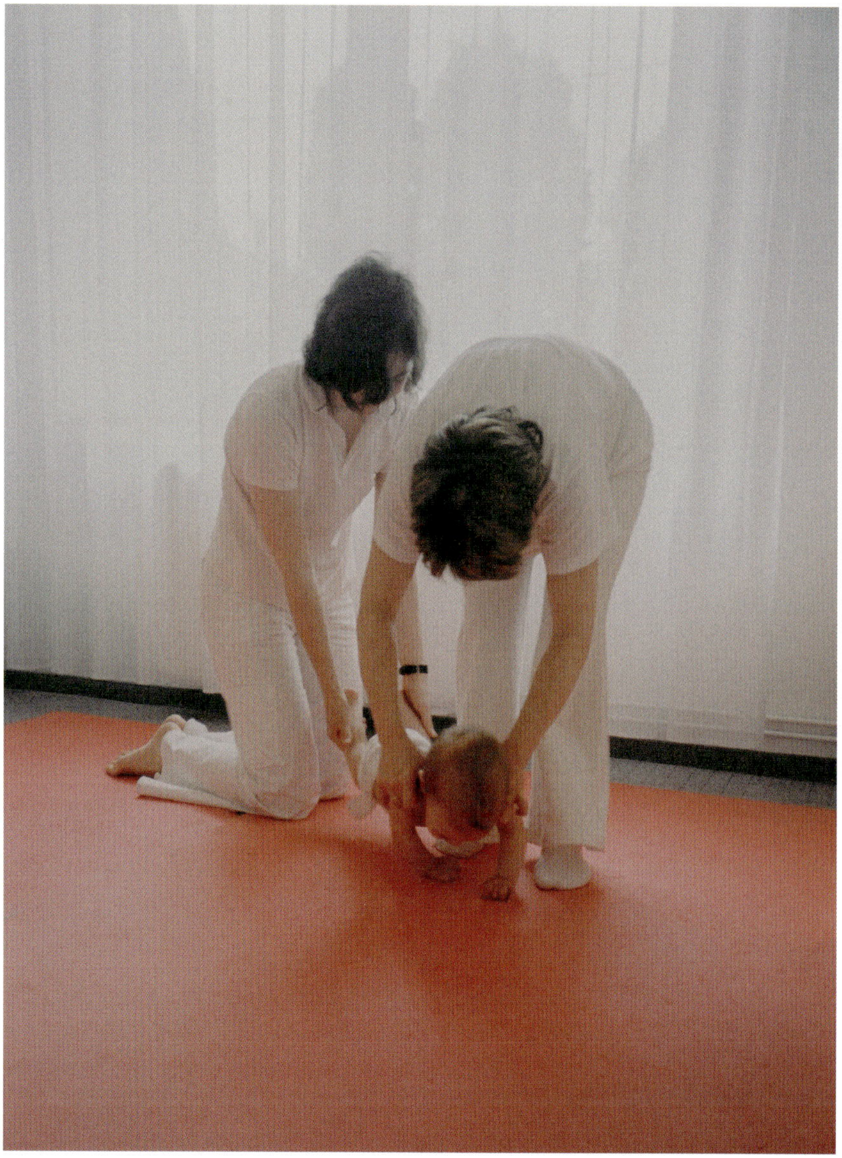

Es war ein heißer Sommer in Ungarn, als wir dort mit Friedrich die Therapie begannen. Jeden Monat flogen wir von Hamburg nach Budapest für einen Therapieblock von 7 Tagen. Kurz gesagt ging es dabei darum, die Muskeln zu lockern und gesunde Bewegungsmuster einzuschreiben. Es war eine harte Zeit, aber es hat sich gelohnt.

Ohne Friedrich berührt zu haben, stellte Edit uns die Frage, ob Friedrich von der Brust trinkt. Schüchtern verneinten wir, da meine Frau lange versucht hatte, ihn zum Trinken an der Brust zu animieren und die Schwestern im Krankenhaus in Hamburg ihr gesagt hatten, das läge daran, dass sie zu unentspannt sei.

Unsere Therapeutin schaute Friedrich in den Mund und sagte uns, dass sein Zungenreflex, der die Zunge wieder zurückzieht, aufgrund kranker Muskeln nicht funktioniert. Die Zunge ist deshalb schlaff und das Nuckeln für ihn unmöglich. Aber das wäre lösbar, sie könne den Reflex manuell evozieren, die Methode wäre nicht schön anzusehen, aber nach ein bis zwei Monaten täglicher Therapie müsste er das Problem los sein.

Die Therapie war schmerzhaft, und es kostete viel Kraft, Friedrich weinen zu sehen. Nur seine völlige Entspannung nach der Therapie, die für ihn und für uns wie eine Erlösung wirkte, rechtfertigte es, dabei zu bleiben. Und tatsächlich: Nach kurzer Zeit trank Friedrich besser und nach ein paar Monaten von der Brust.

Allein dafür hatte die Reise sich gelohnt. Hätte er nicht genuckelt, wäre seine Mundmuskulatur verkümmert, er hätte vielleicht nie Schlucken gelernt und wäre heute auf eine Magensonde angewiesen. Das hätte zur Folge gehabt, dass er seinen Geschmackssinn nie hätte erleben dürfen, er also nie gewusst hätte, wie gut ihm ein Schweinsbraten schmeckt, den er heute so sehr liebt. Sein Gesicht hätte sich durch die Spastik nach und nach verzogen und wir würden wohl nicht mit ihm gemeinsam zu den Mahlzeiten am Tisch sitzen.

All das blieb uns und ihm erspart.

Irgendwann wurde unser Sohn immer ruhiger, er lachte nicht mehr, schaute ins Leere und lächelte noch nicht einmal.
Die Verbindungen zwischen den Gehirnzellen wurden etabliert, doch manche ergaben keinen Sinn.
Es war die Ruhe vor dem Sturm.

Wir hatten gehört, dass mit einer Hirnschädigung häufiger auch eine Epilepsie einhergeht und hatten keine Ahnung, welche Auswirkungen sie hätte. So lasen wir, was wir finden konnten und, je mehr wir fanden, desto mehr Angst bekamen wir. Genauso wie weite Teile der Funktionalität des Gehirns birgt die Epilepsie noch viele Geheimnisse. Es gibt Epilepsieformen, die folgenlos bleiben, und andere, bei denen durch jeden Krampfanfall alles gelöscht wird, was das Gehirn zuvor gelernt hat, so wie bei einem Computerabsturz. Dazwischen gibt es etliche Varianten, die die Medizin mehr oder minder gut beschreiben kann.

Am besten ist es, wenn gar keine Krämpfe auftreten. Und so hofften wir darauf, dass uns diese erspart blieben.

Das Gehirn wächst in den Monaten nach der Geburt verhältnismäßig schnell; wenn man an zwei aufeinanderfolgenden Tagen Ultraschallaufnahmen macht, sieht man große Unterschiede. Diese Plastizität machte uns Hoffnung, denn wenn alles noch nicht ausentwickelt ist, könnten geschädigte Bereiche nicht repariert werden?

Solides Halbwissen aus meinem Biologieleistungskurs kam mir wieder in Erinnerung. Da gab es Kaulquappen, denen man Zellen entnommen hatte und bei denen sich Nachbarzellen zu den Körperteilen ausbildeten, für die die entnommenen Zellen zuständig gewesen waren. Die Frösche waren dann etwas kleiner, aber komplett. Könnte es bei Friedrich nicht ähnlich verlaufen? Könnten nicht andere Zellen die Funktionen der abgestorbenen Zellen übernehmen? Stammzellen?

Vorerst klammerten wir uns an die Hoffnung, dass keine Krämpfe kommen würden. Dass er vielleicht nur etwas entwicklungsverzögert war, wie viele Frühchen, mehr nicht. Eine Vorstellung, die nicht schön ist, aber mit der man irgendwie leben kann. Oder nicht? Ein dünner Strohhalm.

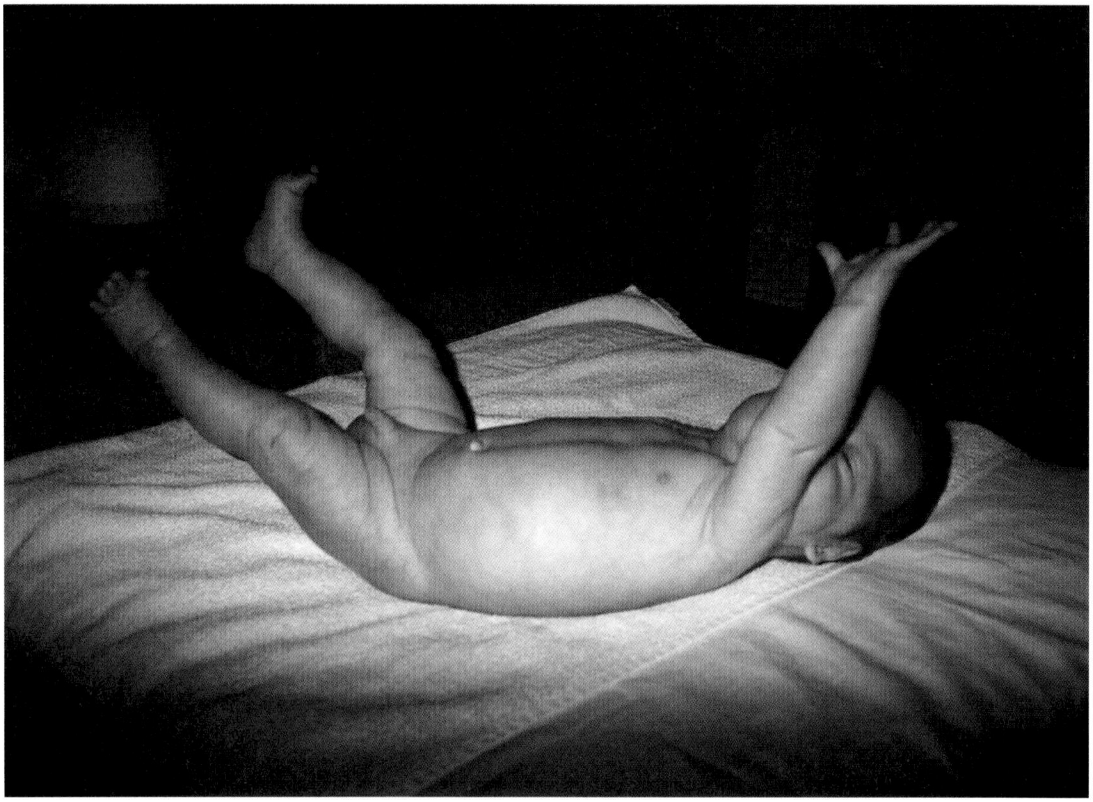

Eines Tages schossen plötzlich seine Beine und sein linker Arm in die Höhe und der Kopf drehte sich zur Seite. Es dauerte nur ein paar Momente und alles war weg. Wir sind uns immer noch nicht sicher, ob es ein sog. Blitz-Nick-Salaam-Anfall war, eine sehr schlimme Epilepsieform, oder ein persistierender Geburtsreflex. Was es auch war, es war verstörend.

Friedrich hatte in dieser Zeit große Angst, wenn man ihn auf den Rücken legte. Er war nicht in der Lage, sich liegend zu stabilisieren. Man erklärte uns, dass er sich fühlt, als ob er rückwärts in ein Schwimmbecken fällt und nicht weiß, wann und wo er landet, es muss ein schreckliches Gefühl sein.

Nach einigen Monaten, die wir blockweise mit Friedrich bei Edit geturnt hatten, nahmen wir uns eine Wohnung vor Ort, so dass Friedrich regelmäßiger behandelt werden konnte. Meine Frau lebte die meiste Zeit in Budapest, während ich in Hamburg oder beruflich auf Reisen war. Die Wohnung lag in einem Viertel am Rande der Stadt, einer wilden Mischung aus Neubauten, Einkaufszentren und sozialistischen Plattenbauten.

Zusätzlich zu unserer Therapie in Ungarn arbeiteten wir mit Hamburger Physiotherapeuten zusammen, die uns unterstützten und sogar in Budapest besuchten, weil sie das Therapiekonzept von Edit überzeugend fanden.

Zweifelsohne war es keine leichte Zeit, aber wir sagten uns, dass das, was wir jetzt in Friedrich investierten, ihm und uns später zugutekommen würde. Und immer noch hatten wir die Hoffnung, dass er vielleicht eines Tages läuft, sitzt oder spricht.

Bis zu jenem Tag, an dem ich gerade beruflich in Barcelona war, und meine Frau mich unter Tränen aus ihrer Wohnung in Budapest anrief. Um mir zu sagen, dass Friedrich einen schweren sogenannten Blitz-Nick-Salaam-Anfall (kurz BNS) hatte. Ein Anfall, bei dem Arme und Beine in hoher Geschwindigkeit vor den Körper geschleudert werden, wie bei einem Klappmesser. Diese Bewegung wiederholt sich, manchmal bis zu einhundert Mal.

Oft war es leider so, dass ich nicht da war, wenn etwas Schlimmes passierte. Meine Frau musste diese Krisen allein bewältigen. In einer fremden Stadt, in einem Land, dessen Sprache sie nicht sprach, und wo sie fast niemanden kannte. Dass ich nicht bei ihr sein konnte, fühlte sich furchtbar an. Oft saß ich sprachlos alleine, meist in einem Hotelzimmer, nachdem wir einhängten, und starrte gegen die Wand, denn ich kam mir vor wie ein Verräter, der seine Frau alles alleine ausbaden lässt, während er einfach seinem Beruf nachgeht. Ich wollte das nicht, und manchmal schien es mir wie verhext. Andererseits hatte ich die Rolle des Familienernährers inne, und in meiner Branche kann man sich nicht zu viel herausnehmen, ohne Gefahr zu laufen, ausgetauscht zu werden. Es ist ein ständiges Abwägen zwischen Job und Familie, so wie in den meisten Familien, wo die Aufgaben nicht klar aufgeteilt sind, sondern, so gut es geht, fair verteilt.

Wie jede Mutter wartete auch meine Frau darauf, eines Tages das Wort »Mama« aus seinem Mund zu hören.
Es nie zu hören macht unendlich traurig.

Instinktiv spricht man sein Baby an. Und genauso instinktiv registriert das Kind die Ansprache der Erwachsenen. So lernt es, langsam, aber sicher, zu sprechen. Dass das funktioniert, finde ich unglaublich. Der erste Kontakt, den Eltern mit ihren Kindern herstellen, geht über den Tastsinn. Der nächste Schritt ist der Augenkontakt, danach kommt irgendwann einmal die verbale Kontaktaufnahme. Mit Friedrich war schon die zweite Art der Kontaktaufnahme nicht möglich. Friedrichs Augen schauen irgendwohin. Augenkontakt kann er bewusst nicht halten, nicht einmal für eine Sekunde. Aber manchmal fixiert er zufällig doch sein Gegenüber kurz, das berührt einen dann sehr tief.

Und natürlich wartet und hofft man lange, dass es sich ändert, einen plötzlich das eigene Kind ansieht und etwas von sich gibt, was man extrem wohlwollend als »Mama« oder »Papa« deuten könnte.

Doch nichts geschah. Nicht gestern, nicht heute und wahrscheinlich wird es auch morgen nicht geschehen. Eine Stille, die nur schwer zu ertragen ist.

Unsere Erwartung wurde enttäuscht, doch Trauer und Ärger wichen einer veränderten Geisteshaltung. Wir waren bereit, uns zu arrangieren und sensibler zu werden für das, was Friedrich uns anbot: eine neue, nicht geprüfte, nie erlebte Sprache, die aber eine Brücke zu ihm sein konnte, die unsere Sehnsucht nach Kontaktaufnahme wenigstens ansatzweise stillen konnte.

Ich fing an, jede Geste, Bewegung, Mimik und jeden Laut von ihm zu interpretieren. Meist falsch wohl, jedoch merkte ich, dass er reagierte, wenn ich zum Beispiel sein Lautieren wiederholte. Er lächelte, wenn wir zu erkennen gaben, dass wir ihn wahrgenommen hatten. Obwohl ich begann, mich damit abzufinden, als Person in seinem Leben nicht wahrgenommen zu werden, machten mir diese kleinen Signale Hoffnung. Vielleicht öffnete sich eine Tür zu ihm einen Spalt breit.

Während der Schwangerschaft fuhr ich auf einer Reportagereise nachts mit dem Zug durch Indien und hörte einen kleinen Jungen Mundharmonika spielen. Das war so bezaubernd, dass ich dort eine kaufte. Ich habe sie Friedrich zu seinem ersten Geburtstag geschenkt, weil ich mir gewünscht hatte, er würde auch einmal so schön damit spielen können.

Vielleicht würde er ja einen Hauch ausatmen und ein leiser Ton würde hörbar werden. Doch es blieb still. Dann machte sich eine Stille breit, die lauter sein konnte als ein startendes Flugzeug.

Die Mundharmonika habe ich heute noch, sie liegt im Handschuhfach unseres Autos. Sie unterwegs dabeizuhaben, falls sich etwas ändern sollte, falls plötzlich doch ein Ton durch Friedrichs Mund darauf entstehen könnte, verleiht mir Hoffnung wie ein Glücksbringer oder Talisman, den man im Portemonnaie dabei hat.

Ich schaue nicht häufig in das Handschuhfach, oft monatelang nicht. Und so vergesse ich, dass die Mundharmonika dort liegt. Wenn ich sie dann, an einem frostigen Wintermorgen, durch Zufall wiedersehe, auf der Suche nach dem verdammten Eiskratzer, holt mich die Erinnerung an Friedrichs ersten Geburtstag und die Zugfahrt in Indien wieder ein und lässt mich innehalten. Es ist ein merkwürdiges Gefühl, wenn ein Gegenstand, der niemals benutzt wurde, unvermittelt die Erinnerung an diese Zeit auslöst. Ein Musikinstrument, das nicht klingt, ist in gewissem Sinne wie ein Mensch, der nicht spricht. Und doch ist es mehr als irgendein anderer Gegenstand, denn er birgt das Potenzial, einen Klang zu erzeugen, mehr noch, sogar Musik.

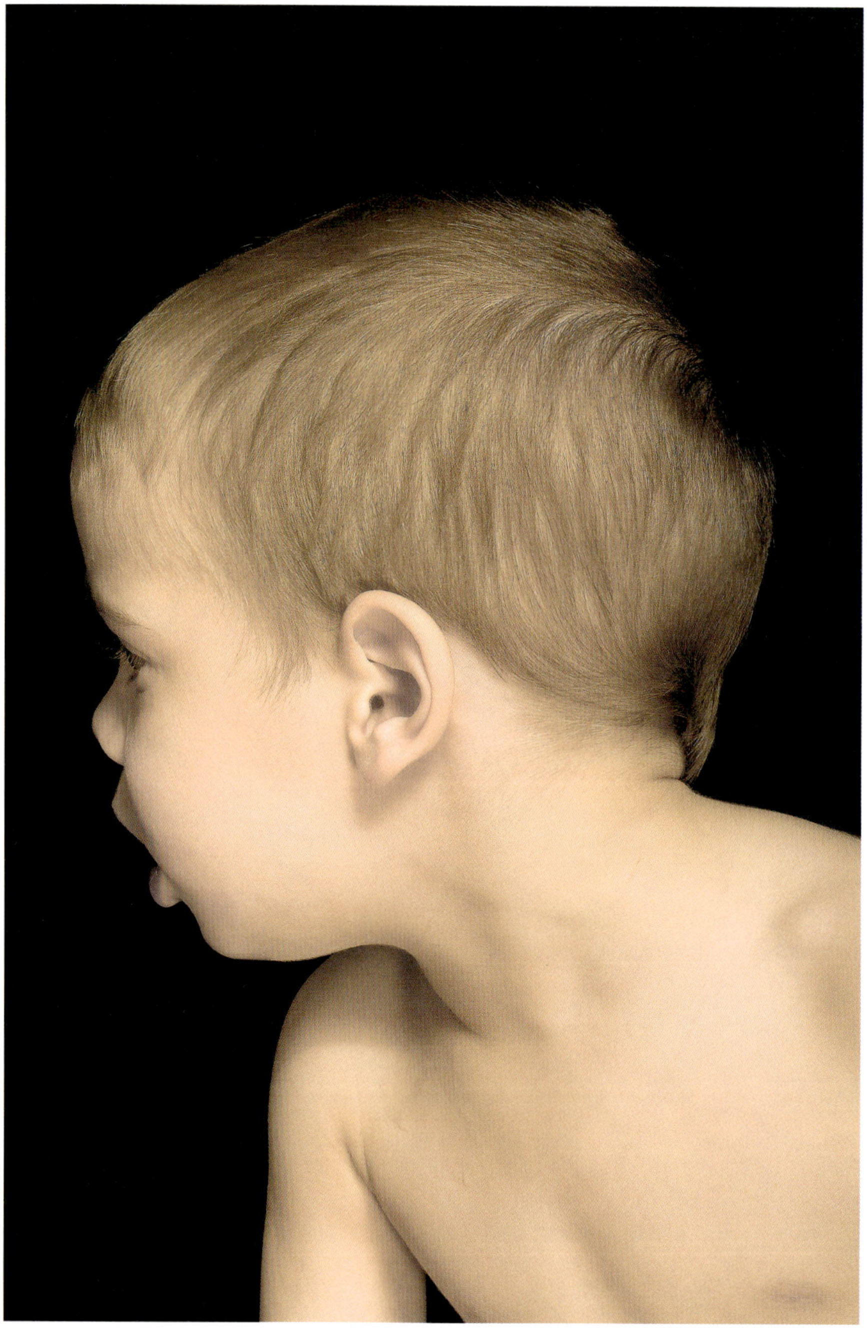

Beim Fotografieren komme ich ihm oft sehr nah, jedes Härchen kann man sehen. Und doch ist er so weit weg. Ich schaue ihn an und versuche ihn zu ergründen: Was nimmt er von mir wahr? Wie erfasst er die Welt?

Beruflich befasse ich mich damit, Menschen zu fotografieren, sei es für eine Reportage oder eine Porträtgeschichte. Dabei geht es darum, eine Fotografie zu erschaffen, die neugierig macht. Die einen Blick, eine Mimik, eine Szenerie oder eine besondere Lichtsituation zeigt, die beim Betrachter Resonanz hervorruft: »Wer ist das? Dieser Mensch interessiert mich, ich möchte mehr über ihn erfahren.«

»Wenn deine Bilder nicht gut sind, warst du nicht nah genug dran«, hat Robert Capa, ein berühmter Kriegsfotograf, einmal gesagt. Das Zitat gilt vielen Fotografen als Credo. Capa meint die Nähe physisch, zwischen dem fotografierten Subjekt und dem Fotografen. Er schrieb, dass man die Entfernung zwischen dem Abgebildeten und dem Fotografierenden beim Betrachten spürt. Wenn Paparazzi mit langen Teleobjektiven aus der Ferne Prominente fotografieren oder in exotischen Ländern im Vorbeifahren fremdaussehende Menschen herangezoomt werden, fühlt man die Distanz. Wenn sich Menschen fotografieren lassen, empfinden die meisten Scheu und verharren in Grimassen, hinter denen sie sich in Sicherheit wähnen.

Im Capaschen Sinne muss der Fotograf eine Nähe etablieren, die nur mit persönlicher Involviertheit und Interesse zu erreichen ist. Der Fotograf muss etwas riskieren und sich öffnen, damit sein Gegenüber ebenfalls bereit ist, sich zu öffnen. Nur dann entsteht ein Interesse für die Abgebildeten, so diese Denkschule.

Wie wohl jeder Vater fotografiere ich meinen Sohn. Allerdings versuche ich auch, ihn im Capaschen Sinne fotografisch zu erfassen, ein Bild von ihm zu bekommen, das mir mehr sagt, als sein Äußeres verrät. Unwillkürlich interpretiere ich seine Mimik und seine Gesten, ganz so, als ob er ein gesundes Kind wäre, deute Dinge in ihn hinein. Reine Projektionen, die mich aber über meine Hilflosigkeit, ihn nicht zu verstehen, hinwegtrösten.

Wir hörten von vielen, teilweise recht dubiosen Menschen, die uns vermeintlich helfen könnten. Es war viel Schräges dabei, Wünschelrutengeher, eine Kräuterhexe, die die Kinder in einen Topf mit kalter Rindersuppe steckt, ein Masseur, der Prostituierten die Brüste straff massiert, und sonstige Heiler. In unserer Verzweiflung probierten wir vieles (aber nicht alles).

Schnell lernten wir andere Eltern kennen, die in ähnlicher Sorge um ihre Kinder waren und in ihrer Verzweiflung nach Strohhalmen suchten, an denen man sich festklammern konnte. Da von Seiten der Schulmedizin auf die von uns gestellte Frage nach Perspektiven oft die Antwort kam »Wir wissen nicht, was in Friedrichs Entwicklung möglich ist«, wurden wir neugierig auf alternative Heilmethoden. Andere Familien hatten Erfahrungen mit dem einen oder anderen alternativen Heilverfahren gemacht. Das, was sie darüber sagten, war immer positiv; niemand mag zugeben, einem Scharlatan aufgesessen zu sein. Und es ist auch schwer zu ermitteln, ob die Therapie erfolgreich war, denn die Anbieter sagten immer, dass es lange dauern werde, bis die Behandlung anschlägt – wie lange genau, wusste niemand. Man kann sich immer darauf berufen, dass die Therapie noch nicht lang genug durchgeführt worden war.

Aber auch wenn mir manches im Nachhinein merkwürdig vorkam – wie z.B. die Handauflegerin, die keine bestimmte Summe verlangte, aber für ein Waisenhaus in Rumänien sammelte (nachdem wir zweimal nicht gespendet hatten, gab es keine Termine mehr für uns), oder der kurzsichtige, tattrige Wünschelrutengeher, der die abzuwünschelnden Blutproben vertauschte –, suchten wir damals Wege, die Situation zu verbessern. Untätig zu bleiben und zuzusehen, wie gleichaltrige Kinder sich entwickelten, während sich bei Friedrich nichts tat, war unerträglich. Wenn man den Pfad der evidenzbasierten Medizin verlässt, gibt es immer noch eine weitere Methode, die man ausprobieren könnte. Das Geschäftsmodell ganzer Kliniken basiert auf nicht geprüften Behandlungsmethoden. Von der Stammzellen-Therapie in Fernost über die ukrainische Manualtherapie-Klinik bis zu amerikanischen Anbietern, bei denen man zehntausende Dollar für eine Behandlung zahlen musste. Ähnlich wie Versicherungen von der Angst leben, verkaufen diese Anbieter Hoffnung.

Für die Taufe fuhren wir in das Dorf meines Vaters, der damals schon sehr krank war. Während der Predigt hatte Friedrich einen epileptischen Anfall, es war schwer, ihn in den Armen zu halten. Alle wussten, was passierte, nur der Pfarrer redete einfach weiter.

Ein paar Monate nach Friedrichs Befund wurde bei meinem Vater Krebs diagnostiziert. Seine Frau und er erzählten am Telefon nur vage von seiner Krankheit; anfänglich vermieden sie sogar das Wort Krebs. Vielleicht, weil meine Frau und ich schon mehr als genug Sorgen hatten und sie uns nicht noch mehr belasten wollten; vielleicht aber auch, weil sie selbst nicht wahrhaben wollten, wie es um seine Gesundheit bestellt war. Wahrscheinlich war es eine Mischung aus beidem.

Als seine Therapien begannen, der Herbst voranschritt und es langsam kühler wurde, fuhren wir von Hamburg kommend zu ihnen. Sie lebten in einem beschaulichen niedersächsischen Dorf mit schönen Fachwerkhäusern. In der Abenddämmerung kamen wir an und warteten mit dem warm eingepackten, immer noch sehr kleinen Friedrich auf dem Arm auf dem Parkplatz der radiologischen Klinik. Mein Vater freute sich sehr, uns zu sehen, aber seine schwere Erkrankung war nicht mehr zu übersehen.

Er hatte immer einen kräftigen Körper besessen. Geformt von den Arbeiten, die er am Haus oder im Garten durchgeführt hatte. Durch die mit der Bestrahlung einhergehende Gewichtsabnahme war er jetzt nur noch ein Schatten seiner selbst. Niemand konnte leugnen, wie ernst es war. Aber weder seine Frau noch er jammerten, sie nahmen ihr Schicksal an, so gut es ging. Da stand ich nun, im Arm mein schwerkranker Sohn, dessen Zukunft völlig ungewiss war, und vor mir mein schwerkranker Vater, dessen Lebensende am Horizont aufzog. Dazwischen ich, weder wissend, ob ich meiner Rolle als Sohn noch der als Vater gerecht werden konnte.

Die Kirche spielte in meiner Kindheit nie eine besondere Rolle. Ich weiß noch gut, wie verwirrt ich in der ersten Klasse war, als man mich fragte, ob ich katholisch oder evangelisch wäre, um mich in den entsprechenden Religionsunterricht zu schicken, denn ich war weder das eine noch das andere. Ich fand es deshalb völlig unverständlich, dass die Klasse für diesen Unterricht geteilt und ich von meinen Freunden getrennt wurde. Ging es in der Bibel nicht darum, dass wir alle gemeinsam Gottes Kinder sind?

Bis heute habe ich es nicht verstanden, und dieses Erlebnis und das Gefühl, nicht dazu zu gehören, beschäftigen mich immer noch. So sehr, dass ich mich um die Jahrtausendwende, mit der Bibel in der einen Hand und der Kamera in der anderen, auf die Reise ins Heilige Land machte, um mich fotografisch mit dem Heiland, der christlichen Botschaft und dem Land Israel heute auseinanderzusetzen. Aber das ist eine andere Geschichte.

Meine Frau kommt aus Bayern und ist katholisch aufgewachsen. Es war ihr und ihrer Familie wichtig, dass unser Kind katholisch getauft wurde. Damit hatte ich keine Probleme; ich dachte mir, besser ein Segen zu viel als einer zu wenig; und es ging schließlich nicht um mich, sondern um Friedrich. Ich weiß ja nicht, ob an dieser ganzen Sache doch was dran ist. Aber falls etwas dran sein sollte, so wollte ich Friedrich in guten Händen wissen, aufgehoben in einer Gemeinde, in der man füreinander da ist, in der er gesehen und geliebt wird.

Mein Vater war sehr stolz auf Friedrich, besonders weil sein Enkel ein Sohn war. Ich finde das zwar etwas antiquiert und fragwürdig, nichtsdestotrotz tat mir sein Stolz gut, und ich war froh, dass er ihn liebte. Als meine Frau und ich darüber sprachen, wo wir Friedrich taufen lassen, wollten wir die Taufe deshalb im Dorf meines Vaters ausrichten.

Beim Taufgespräch erschien uns der Pfarrer gebildet und intelligent, er unterrichtete an der Musikhochschule und war schnell in ein Gespräch mit meinem Vater über dessen Buchprojekte zu sakralen Bauten aus der Gotik vertieft. Er erkundigte sich nach Friedrichs Befund, ohne jedoch näher darauf einzugehen, und leitete dann zum Ablauf der Taufmesse über.

Uns erschien er als ein gewissenhafter Pfarrer, und so freuten wir uns auf das bevorstehende Fest. Wochen später war es so weit, die Familie kam von überall angereist, meine Frau schmückte die Tische wundervoll und das frühsommerliche Wetter war perfekt.

Alles sah danach aus, dass es ein schöner Tag werden würde, bis Friedrich, mitten während der Predigt, einen schweren epileptischen Anfall erlitt. Sein ganzer Körper zuckte und versteifte sich, und in seinem Gesicht waren Angst, Schmerz und Verstörung zu sehen. Ich hatte ihn auf dem Arm. Sofort übermannte mich das elende Gefühl, nicht helfen zu können, in einem Moment, wo es am nötigsten war. Zu meinem Entsetzen ließ sich der Pfarrer durch den Krampfanfall unseres Sohnes nicht stören, er predigte ein wenig lauter weiter, als ob nichts wäre. Ich hatte gehofft, dass die christliche Gemeinschaft, mit der ich in meinem ganzen Leben nie in Berührung gekommen war, Friedrich Schutz bieten, ihn zumindest wahrnehmen und nicht ignorieren würde. Konkret hätte ich mir gewünscht, dass der Pfarrer ein wenig innehält, vielleicht sogar zu ihm hinabsteigt und ein paar beruhigende Worte spricht, eine Hand auf seinen Kopf legt, um zu zeigen, dass er sicher ist und Gott ihn im Auge hat. Nichts davon geschah, business as usual.

Es kostete mich Kraft, das zu verdauen, ich wollte auch nicht vor der versammelten Familie eine Szene machen, und so riss ich mich zusammen und schluckte meine Enttäuschung hinunter. Jahre später sollte der Pfarrer es wieder gutmachen, indem er eine wunderschöne Grabpredigt auf der Beerdigung meines Vaters hielt.

Mit 9 Monaten fing es an: Krämpfe, die Friedrich am ganzen Körper steif werden ließen, schmerzhaft und verstörend. Als er 4 war, waren es 10–14 Anfälle täglich. Sie kamen gleich nach dem Aufwachen und waren so erschöpfend, dass er danach wieder einschlief – um beim nächsten Aufwachen gleich wieder zu krampfen. Trotzdem musste das Leben weitergehen, und wenn wir nach Tagen endlich den richtigen Sachbearbeiter der Krankenkasse an der Strippe hatten, musste das Gespräch geführt werden, auch wenn er gerade krampfte.

Das erste Mal war ein Schock. Der kleine, weiche Körper des Kindes wird auf einmal steif und die Atmung wird flach. Kleine, trockene Speichelfäden, die ein bisschen wie Milchschaum aussehen, sammeln sich an den Lippen. Er verdreht seine Augen und streckt Arme und Beine nach vorne. Dazu durchfährt ein Vibrieren den ganzen Körper, erst ganz zart, dann immer stärker, bis es schließlich in heftige Krämpfe mündet. Es ist, als ob jemand ein Kabel mit Starkstrom an das Kind gehalten hätte und langsam die Stromstärke erhöht. Auch wenn es meistens nach ein paar Minuten vorbei ist, kommt es einem wie eine Ewigkeit vor. Ohne Zweifel ist das ein Anblick, den man nicht erleben möchte.

Epilepsie ist, so haben wir gelernt, eine gar nicht so seltene Krankheit. Wenn ich mich recht erinnere, erleidet ca. ein Viertel der Bevölkerung im Laufe des Lebens einen Krampfanfall, die meisten davon im Kleinkindalter und davon die Mehrzahl im Schlaf, so dass sie unbemerkt und folgenlos bleiben.

Manche Menschen erleben einen Krampfanfall und danach nie wieder einen zweiten. Andere sind kerngesund und entwickeln plötzlich regelmäßig starke Krämpfe, die sogar lebensbedrohlich sein können, und andere haben nur einen einzigen Anfall und sterben daran. Es ist unheimlich.

Bei Kindern mit Zerebralparese, also einer Schädigung des Gehirns, wie Friedrich sie hat, tritt früher oder später fast immer eine Epilepsie auf, da die Hirnströme nicht in gesundem Maße fließen können.

Wenn man ein Elektroezephalogramm eines gesunden Gehirns macht, kurz EEG, werden für verschiedene Areale des Gehirns Linien auf einem Bogen Papier ausgedruckt, die, je nachdem, wie aktiv der jeweilige Bereich gerade ist, mehr oder weniger zackig aussehen. Diese Zacken sind jedoch nie so hoch, dass sie sich mit den anderen darüber oder darunter ausgedruckten Linien überlappen. Bei Friedrichs EEG waren alle Linien überlappend, der Bogen sah aus, also ob ein zorniges Kind mit einem Kugelschreiber hektisch ein komplettes Blatt Papier vollgekritzelt hätte. Ein völliges Chaos. Man braucht nicht Medizin studiert zu haben, um zu sehen, dass das nichts Gutes verheißt. Und so fielen auch nicht viele erklärende Worte des Epileptologen, als er es uns zeigte.

Die Krämpfe zu erleben ist etwas, woran man sich nie völlig gewöhnt. Trotzdem muss man eine gewisse Routine im Umgang mit ihnen entwickeln, um den Alltag weiter bewältigen zu können, besonders, wenn am Tag mehrmals Krämpfe stattfinden. Und wichtiger noch: Man muss lernen, dass es unmöglich ist, das Kind vor allem Unheil zu beschützen. Am schwierigsten ist es aber, sich auch eingestehen zu müssen, dass man Fehler macht. Dass das eigene Kind manchmal unnötig leidet, weil man einen Krampfanfall erst zu spät bemerkt, weswegen er länger dauert, als er eigentlich müsste, da man das Notfallmedikament erst spät verabreicht hat. Am schlimmsten ist es, dem eigenen Kind dabei zusehen zu müssen, wie es leidet, ohne helfen zu können.

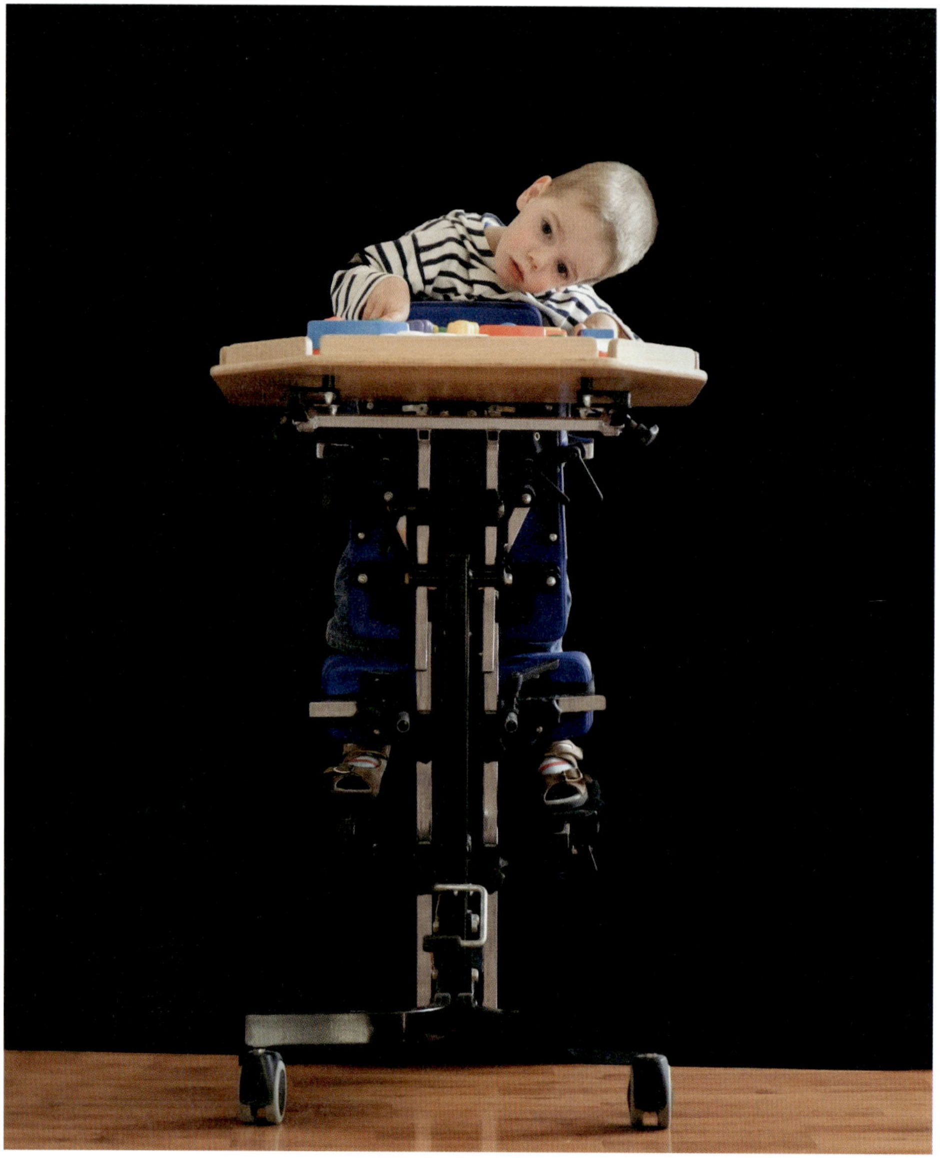

Mit der Zeit kommen immer mehr merkwürdige Geräte in unseren Haushalt, wir wissen noch nicht so recht, was wir damit anfangen sollen, geschweige denn, wo wir sie hinräumen können.
Das ist ein Stehständer; gusseisern, voller Schnallen und Schrauben, ein bisschen erinnert er an die spanische Inquisition.
Die ersten Jahre hatten wir noch Hoffnung, dass ein Wunder geschieht und Friedrich aufsteht und läuft.
Der Stehständer war ein Symbol für uns, dass es nicht passieren wird.

Solange Friedrich klein war, fiel es uns leicht zu hoffen, dass er eventuell eines Tages doch noch einmal wenigstens sitzen, vielleicht sogar stehen oder gehen kann. Wenn auch nur mit einer Gehhilfe. Oberflächlich betrachtet sah unser Haushalt nicht viel anders aus als der der meisten jungen Eltern: eine Wiege, ein Babybett, eine Kuscheldecke mit Babyspielzeug und ein normaler Kinderwagen (obwohl, eigentlich nicht ganz so normal; wahrscheinlich aus Trotz hatte ich einen besonders schicken Kinderwagen gekauft, den gleichen, den auch Heidi Klum hatte, nur in knallrot, damit ihn auch ja niemand übersieht). Wir wussten zwar um Friedrichs Befund, trotzdem hofften wir lange, dass alles einfach nur etwas später beginnt – er entwicklungsverzögert ist, nicht entwicklungsgestört.

Je größer Friedrich wurde, desto häufiger bekamen wir Besuch von unserem Orthopädietechniker. Nach und nach brachte er neues Mobiliar in unsere Wohnung: angefangen mit einem speziellen Hochstuhl, der seinen Rumpf beim Sitzen stabilisiert, so dass er mit uns am Tisch sitzen kann. Dann kam ein Reha-Buggy, der ungefähr so aussah wie eine SUV-Variante eines normalen Buggies: breitere Reifen, stabileres Stahlgestänge, ein Brustgurt, so wie ein Rallye-Fahrer ihn bei Paris–Dakar tragen muss. Irgendwie war es noch ganz cool, damit im Herbst durch die Pfützen im Park zu schieben, während die weniger hübschen Klappbuggies der Normalos mit ihren Plastikrädern im Matsch stecken blieben. Vor allem war es kein Rollstuhl, der laut »Hallo, hier kommt ein behindertes Kind« rief.

Neben vielen anderen Gründen, zum Beispiel zur Vermeidung von Osteoporose, ist es notwendig, dass Kinder, die nicht stehen können, in die Vertikale gebracht werden. Dazu gibt es sogenannte Stehständer. Es erfordert schon viel Fantasie und guten Willen, dieses Hilfsmittel ästhetisch zu finden. Auch wenn Friedrich nicht da ist, erinnert es uns permanent daran, was mit ihm los ist. Wie ein Totem steht es da. Es war das erste Symbol für seine und unsere Zukunft, es sollten viele weitere folgen.

Budapest ist eine schöne Stadt, und in der Zeit zwischen den Therapiesitzungen gingen wir auf Spielplätze, denn wir dachten immer noch, dass Friedrich dort hingehört. Mit der Zeit mieden wir diese Orte aber, weil immer deutlicher wurde, dass Friedrich anders ist, und wir die mitleidigen Blicke nicht mehr ertrugen.

Budapest ist eine der schönsten, wenn nicht sogar die schönste Stadt Zentraleuropas. Die Geburtsstadt von Kishon, Zsa Zsa Gabor, Imre Kertész und Ignaz Semmelweis. Die mondänen Bäderhäuser, wie z. B. das Gellért Bad, die vielen Jugendstilgebäude und Straßenzüge aus der K. u. k.-Zeit, die Festung und die grünen Stadtteile auf der Buda-Seite. Und nicht zu vergessen die Donau und die schönen Brücken, wie die Elisabethbrücke und die Kettenbrücke. Eine Stadt, die ihresgleichen sucht in Europa. Und doch haben wir im ersten Jahr kaum etwas von ihr gesehen. Wir waren nicht da, um Sightseeing zu betreiben. Wir waren da, weil wir unseren Sohn heilen wollten – das hätte auch in der hässlichsten Stadt Europas passieren können.

Obwohl wir kein Auge für Sehenswürdigkeiten hatten, unternahmen wir meist an den Wochenenden trotzdem Ausflüge, um raus aus der kleinen Wohnung und auf andere Gedanken zu kommen. Doch so beeindruckend die Stadt ist, so wenig konnten wir uns auf sie einlassen. Zu sehr waren wir damit beschäftigt, Informationen über Behandlungsmöglichkeiten zu überdenken.

Die Ungarn, die wir kennenlernten, waren sehr nett und hilfsbereit. Besonders Andrea, eine Donauschwäbin, deren Tochter auch eine Behinderung hat, half uns sehr, indem sie für uns übersetzte. Über sie und im Wartezimmer bei Edit lernten wir andere Eltern kennen und tauschten uns darüber aus, welche Möglichkeiten es gibt, unseren Kindern zu helfen. Fast jeder hatte noch eine Idee, welche Therapie man ausprobieren könnte.

Das Gesundheitssystem in Ungarn unterschied sich zu dieser Zeit deutlich von dem, was wir in Deutschland gewohnt waren. Die Traditionen aus der Ostblockzeit waren noch nicht völlig überwunden, so schien es uns. So war es damals wichtig, sich mit den Ärzten gutzustellen, damit sie einem in der Not auch wohlgesinnt sind. Manche Familien, so erzählte man uns, machten zu Weihnachten nicht nur ihren Kindern und Angehörigen, sondern auch ihren Ärzten opulente Geschenke, um sie günstig zu stimmen. Dies sei notwendig, weil die Mediziner so schlecht bezahlt würden und auf diese Zuwendungen angewiesen seien. Uns kam das fremd vor. Andererseits fiel uns auf, dass sehr viele Manualtherapien, die schwerbehinderten Kindern, Spastikern und auch anderen Frühgeborenen angeboten werden, in Osteuropa entwickelt wurden. Dort gab es keine hochentwickelte Apparatemedizin, aber eine hohe Zahl an Geburtsproblematiken, mit deren Folgen man umgehen musste. Man war froh, wenn der Großvater einen Stock als Krücke schnitzen konnte; sonst musste man sehen, was man mit den Händen erreichen konnte. Wir lernten, dass dies manchmal vielversprechender sein konnte als das, was Medikamente und Maschinen vermochten.

Uns kommt es oft vor, als ob hierzulande aus kommerziellen Gründen Therapien ein stiefmütterliches Dasein fristen, die nichts mit Maschinen, Operationen oder Medikamenten zu tun haben. Es wird eher eine teure MRT-Aufnahme zu viel genehmigt als eine Manualtherapie für die Hälfte des Geldes, so scheint es.

Der 7. Geburtstag. Wir versuchen, es besonders zu machen und hoffen, er spürt das ein bisschen.

Natürlich versuchen wir, Friedrich immer mal wieder eine Freude zu bereiten, besonders an Fest- und Geburtstagen. Dazu muss man natürlich erst einmal wissen, was er mag. Und das herauszufinden ist nicht ganz leicht. Man kann aber auch sagen, es ist sogar besonders leicht, denn es gibt ja nicht viel, womit er sich beschäftigen kann. Alles eine Frage der Perspektive.

Friedrich ist geistig auf einem Stand, der für uns schwer feststellbar ist. Seine kognitive Entwicklung ist seit dem Tag, an dem er den ersten schweren Krampfanfall hatte, stark eingeschränkt. Zu diesem Zeitpunkt war er gerade einmal neun Monate alt. Er verhält sich wie ein Baby in der sogenannten oralen Phase. Er könnte Stunden damit zubringen, etwas in seinen Mund zu stecken oder es zumindest an seine Lippen zu führen und sanft darüber zu streichen. Meist sind es Babyrasseln aus Plastik. Allerdings hat er Vorlieben. Zu Weihnachten und Geburtstagen schenkten wir ihm schon die verschiedensten Rasseln, mal aus Holz, mal mit mehreren Greifmöglichkeiten, mal größer und mal kleiner. Nicht immer hatten wir Erfolg mit unserer Auswahl. Sein Lieblingsspielzeug ist – warum auch immer – ein kleines, verbeultes Plastikbärchen, das er schon seit Jahren hat und schon ziemlich zerkaut ist. Gleichzeitig ist er, anders als ein Baby, was impulsiv losschreit, ruhig und geduldig. So betrachtet hat er eine altersgemäße Selbstkontrolle entwickelt.

An seinem Geburtstag fahren wir mit ihm zur Feier des Tages ins Hallenbad. Für uns ist das mit einer ziemlichen Anstrengung verbunden, besonders das An- und Ausziehen in der engen Kabine ist erschöpfend. Da wir aber wissen, wie sehr er sich über die Zeit im Wasser freut, nehmen wir es auf uns, denn nur im warmen Wasser kann er seinem Bewegungsdrang nachkommen. Wieder Zuhause, spielen wir seine Lieblingsmusik und die Großeltern kommen vorbei. Schwer zu sagen, ob er das bemerkt. Ich hoffe es jedenfalls.

Oft starren wir Friedrich lange an, weil wir nicht glauben können, dass seine großen Augen uns nicht sehen können.
Weil es dort, wo die Bilder im Gehirn entstehen, ständig blitzt und donnert.

Jedes Kind, jeder Mensch schaut seinem Gegenüber in die Augen. Es ist die archaischste zwischenmenschliche Kontaktaufnahme. Kinder sind berühmt dafür, wie lange sie einem in die Augen sehen können, ihr unschuldiger, gerader Blick hat etwas Entlarvendes, Magisches, manchmal aber auch Beunruhigendes. Wir alle wollen gesehen werden, besonders von den Menschen, die wir lieben. Im Wortsinn, aber auch im übertragenen Sinn. Umso verstörender ist es, wenn das eigene Kind nicht fähig ist, dem Vater oder der Mutter in die Augen zu sehen, den eigenen, liebevollen Blick nicht erwidert. Wenn das eigene Kind zudem noch diese riesigen, wunderschönen blauen Augen hat, wird es noch unfassbarer, dass diese nicht in der Lage sein sollen, mich so zu sehen, wie ich sie sehe.

In den ersten Monaten haben wir Friedrich auch augenmedizinisch untersuchen lassen. Bei Frühgeborenen passiert es manchmal, dass sie erblinden, mitunter als Folge einer Sauerstoffüberversorgung während der Intensivbehandlung direkt nach der Geburt. Die Ärzte müssen innerhalb von Sekunden entscheiden, wie viel Sauerstoff dem winzigen Wesen zu geben ist, wobei es zu ermessen gilt, wie ausgereift die Lunge ist. Geben sie zu wenig, wird das Gehirn geschädigt, geben sie zu viel, besteht die Gefahr zu erblinden.

Bei der Untersuchung kam heraus, dass Friedrichs Netzhaut unauffällig ist und die beiden Sehnerven zwar leicht blass, aber nahezu unbeschadet sind. Deshalb sagte man uns, dass seine Augen sehen können, die Bilder dieser Welt werden also optisch auf die Netzhaut projiziert. Leider ist aber der Teil des Gehirns, in dem die Sehverarbeitung stattfindet, stark durch die Hirnschädigung beeinträchtigt, so dass er keine Bilder zusammensetzen kann. Es ist unmöglich zu ergründen, was dies genau bedeutet. Irgendetwas sieht er, so viel ist klar, nur was das ist und wie es für uns aussehen würde, weiß der Himmel.

Gegen sein starkes Schielen, wir nannten ihn deswegen eine Zeit lang Schilinski, wollten wir etwas tun. Wir hörten von einer Augenärztin, die in einem feinen Viertel der Stadt praktizierte und leider nur Privatpatienten annahm; wir mussten sie bar bezahlen, aber das war es uns wert. Sie wurde uns empfohlen, weil sie eine der wenigen Ärzte war, die Frühgeborene behandeln. Ihr Name bedeutet so viel wie »kompletter Augapfel«, was wir vielversprechend fanden.

Sie untersuchte unseren kleinen Mann und verpasste ihm eine blaue Brille, mit der er ein wenig wie Harry Potter aussah, vor allem, wenn er dazu den von einer Freundin gestrickten blauen Schal lässig um den Hals trug. Die Brille verlieh ihm nicht nur den Anschein eines Intellektuellen, sie scheint auch etwas gebracht zu haben, denn heute schielt er fast gar nicht mehr.

Wenn man ihn beobachtet, kreisen seine Augen unentwegt, fast nie ruhen sie auf einem Punkt. Es wirkt also nie so, als ob er etwas betrachten oder mit seinen Augen studieren würde, und doch deutet seine Mimik darauf hin, dass er seine Umwelt wahrnimmt und sie ihn beschäftigt. Es ist rätselhaft.

Man sagt, die Augen sind das Fenster zur Seele, und ich ertappe mich dabei, in seine Augen zu schauen, um zu ergründen, was hinter ihnen verborgen liegt. Es ist eine hoffnungsvolle Reise in ein unbekanntes Land.

Seit Friedrich neun Wochen alt ist, turnt Edit mit ihm. Sie therapiert nach einer Methode aus Budapest, einer Manualtherapie, dank der er trotz Spastik beweglich bleibt. Obwohl es manchmal schmerzhaft für ihn ist, sind wir uns sicher, dass er Edit sehr liebt, denn er freut sich, wenn er ihre Stimme hört. Und sie liebt ihn auch.

Friedrich hat eine sogenannte Tetraparese. Das heißt, dass seine Arme und Beine spastisch gelähmt sind, die Muskelspannung viel zu hoch, während die des Rumpfes eher zu schwach ist, um seinen Oberkörper zu stützen. Allerdings ist das nur eine grobe Beschreibung, denn die Muskelpartien, die sich gegenüberliegen und normalerweise gegenseitig ausgleichen, haben bei Spastikern eine asynchrone Spannungsverteilung. Eine Muskelgruppe wird viel zu stark angespannt, während eine andere viel zu schlaff ist. Aus diesem Ungleichgewicht entstehen mit der Zeit große Probleme, da ein natürliches Bewegungsbild erschwert wird. Und je größer und stärker die Muskelgruppen mit dem Wachstum werden, desto mehr verkürzen sich die Sehnen und Bänder, und das Knochengerüst wird durch die Muskeln nicht gestützt, sondern im Gegenteil aus der Balance gezogen. Dies führt oft zu schweren Deformationen wie z. B. Skoliose, und das hat wiederum negative Auswirkungen auf die Funktion der Organe (Lungenquetschung, Stoffwechselprobleme, Schluckbeschwerden und vieles mehr).

Ganz zu schweigen von der Bewegungseinschränkung, die bei Spastikern oft in einen Zustand mündet, in dem der Mensch sich in seinem Körper gefangen fühlt und nicht selten depressiv wird, weil er seinen natürlichen Bewegungsdrang nicht ausleben kann. Es ist also wichtig, dass Spastiker regelmäßig ausgelockert und die verkürzten Bänder und Sehnen wieder gedehnt werden. Dabei bedarf es wenig Fantasie, sich vorzustellen, dass es für das Kind und den Therapeuten sehr anstrengend ist, gegen die Verkürzungen anzuarbeiten, und dass dies nicht ganz ohne Schmerzen abläuft.

Im ersten Jahr nach Friedrichs Geburt wurden uns die zwei in Deutschland gängigsten Physiotherapieformen für Spastiker vorgestellt, Bobath und Vojta. Die eine

Methode wurde von einer im Londoner Exil lebenden deutschen Jüdin entwickelt, die andere von einem tschechischen Neurologen. Beide Konzepte werden erfolgreich in Deutschland angewendet. (Bobath wurde mit Friedrich noch in der Klinik geturnt, Vojta lernten wir in einer Physiopraxis kennen).

Für mich als Laien sah Bobath ein wenig wie sanftes Hin- und Herbewegen und Handauflegen mit sanfter Druckausübung aus – wobei wir davon überzeugt sind, dass es eine sinnvolle Therapie ist. Bei Vojta werden bestimmte Punkte am Körper gedrückt, um Bewegungsmuster und Muskelgruppen anzuregen, es ist also schon invasiver und damit unangenehmer für den Patienten als Bobath. Vojta ist eine anerkannte Therapie und ihr Nutzen in Studien belegt, aber viele Eltern haben Schwierigkeiten damit, dass ihre Kinder diese Therapie unangenehm finden und manchmal anfangs weinen. Eine Vojta-Therapeutin führte damals an uns vor, was sie mit Friedrich macht: um zu zeigen, dass es nicht wehtut. Wir fanden das eher lustig. Viele junge Eltern in Deutschland haben jedoch panische Angst davor, dass ihre Kinder Schmerzen erleiden müssen, selbst wenn dies im Rahmen einer notwendigen Therapie nicht vermeidbar ist. So wie Kinder, um geimpft zu werden, gepiekst werden müssen. Es ist eine wirklich schwierige Aufgabe für Eltern, sich ein Bild zu machen und eine gute Entscheidungsgrundlage zu schaffen. Nur allein auf die Ärzte zu vertrauen war für uns nicht befriedigend. Deren Antworten waren oft so vage, so dass sich uns der Gedanke aufdrängte, sie wüssten nicht alles, was potenziell zur Verbesserung von Friedrichs Situation beitragen könnte. Wahrscheinlich wussten sie mehr, sagten uns aber nur das Nötigste.

Letztendlich entscheidet man vieles, trotz intensiver Recherche, am Ende doch aus dem Bauch heraus. Und was die Therapien anging, die wir in Deutschland durchführten, hatten wir das Gefühl, dass sie nicht ausreichten.

Nachdem Edit mit Friedrich geturnt hatte, war Friedrich immer entspannt: Er schlief viel besser, aß gut und fühlte sich wohl. Das zu sehen überzeugte uns von ihrer Arbeit. Edit ist eine beeindruckende Frau. Ihre Arbeit ist körperlich anspruchsvoll, sie hat mehr Kraft in ihren Fingern als ich in meinen Armen. Den ganzen Tag lang muss sie vornübergebeugt Kinder beturnen, die oft weinen. Dabei gibt sie ihnen permanent zu verstehen, dass sie sie liebt, gibt ihnen Küsschen und streichelt sie.

Die Kinder sehen Edit dann an und scheinen irgendwie zu verstehen, dass sie ihnen manchmal wehtun muss, damit es ihnen besser geht. Jahre nach der abgeschlossenen Therapie kommen viele Kinder und Eltern zu ihrem Geburtstag, um ihr für ihre Arbeit zu danken. Sie ist eine bewundernswerte Frau, der wir unendlich dankbar sind.

Wasser ist das Größte für ihn. Es ist die pure Lebensfreude

Noch gut erinnere ich mich an das enge Bad in unserem kleinen Appartement in Budapest. Wir hatten darin keine Dusche, nur eine Badewanne, in der meine Frau Friedrich wusch. Im ersten Jahr bewegte Friedrich seine Beine kaum, irgendwann jedoch, nach gefühlten hundert Therapiestunden, fing Friedrich an, im Wasser zu strampeln, mit der Zeit immer kräftiger, und schließlich, wenn das Wasser warm und die Wanne voll genug war, fing er sofort an, wie wild zu strampeln und laute Freudenschreie von sich zu geben. Dann dauerte es nicht lange, bis mehr Wasser um die Wanne herum als in ihr war. Nach einiger Zeit reichte schon das Geräusch des einlaufenden Wassers, um bei ihm ekstatische Vorfreude auszulösen, so dass er bereits im Trockenen anfing zu strampeln und zu jauchzen.

Der Auftrieb des Wassers macht es für ihn leichter, sich zu bewegen, er wirkt wie aus Ketten befreit, wenn er seinen natürlichen Bewegungsdrang ausleben kann. Ihn glücklich zu sehen ist eine große Freude, so dass man gern in Kauf nimmt, dass man nach dem Baden erst einmal wischen muss.

Die Wohnung hatten wir mit der Hilfe unserer ungarischen Freundin Andrea gefunden. Während wir in Hamburg waren, hatte sie für das Wochenende Termine mit möglichen Vermietern für uns ausgemacht. Unter den Angeboten waren auch Zimmer zur Untermiete, allerdings mit Familienanschluss, das war nichts für uns.

Die Wohnung, die es am Ende wurde, lag in einem Neubau am Stadtrand. Von einem Fenster aus sah man auf ein altes, verfallenes Fabrikgebäude, auf dessen Dach eine riesige Leuchtreklame montiert war, die nachts unser Wohnzimmer in rotes Licht tauchte. Auf der Schlafzimmerseite war eine Bushaltestelle, an einer leicht abschüssigen Straße. In den sehr heißen Sommernächten hörte man die Motoren der Omnibusse beim Anfahren aufheulen. Bei geöffnetem Fenster war es so laut, dass man meinte, die Omnibusse würden direkt durch das Bett fahren. Ließen wir das Fenster zu, war die Hitze nicht zum Aushalten, so dass man dann auch nicht schlafen konnte. Aber das war auch schon egal, weil wir aus Angst vor Friedrichs Krampfanfällen sowieso kaum ein Auge zumachten. Eltern kennen das Gefühl des Schlafmangels in den ersten Jahren, wenn das Baby noch gestillt wird, es zahnt oder Hunger hat oder einfach mal morgens um halb fünf wach ist und spielen will. All das war bei Friedrich auch so, nur zusätzlich hatte er andauernd Krampfanfälle, auf die wir reagieren mussten – und die hat er heute noch, meistens nachts.

Der chronische Schlafmangel war irgendwann so groß, dass ich in den unmöglichsten Situationen mitten am Tag für kurze Zeit einschlief. Einmal im Büro, aufrecht am Schreibtisch sitzend, einmal im Stehen an einer Bushaltestelle und einmal, während ich neben ihm auf dem Kachelboden lag und ihm ein Lied vorsang.

Für mich ist es leichter als für meine Frau, da ich mich erholen kann, wenn ich beruflich unterwegs bin. Tatsächlich ist ein Teil von mir immer sehr froh, wenn ich für eine Fotoreise gebucht werde, denn im Vergleich zur Betreuung von Friedrich ist ein Auftrag eine klare Aufgabe, bei der ich weiß, was von mir erwartet wird. Klar, man arbeitet lange Tage, muss früh raus, um gutes Licht zu haben, und fotografiert, bis die Sonne untergeht. Aber die Anstrengung ist erwartbar, man kann sich darauf einrichten. Und da ich Geld für die Familie verdiene, müsste ich mir kein allzu schlechtes Gewissen machen. Trotzdem fühle ich mich oft schäbig, denn für meine Frau ist es unendlich anstrengender, sich um Friedrich zu kümmern, besonders wenn sie allein mit ihm ist und keine Hilfe hat. Ich bin froh, dass sie regelmäßig von Mitgliedern der Familie, ihrem Vater, ihrer Tante und Freunden in Budapest Besuch bekam.

Nach vielen trüben Tagen scheint endlich wieder die Sonne, und Friedrich jauchzt vor Freude. Oft werde ich gefragt, wie es ihm geht, ob er glücklich ist. Ja, das ist er. Wenn er die Stimmen der Menschen hört, die ihn lieben. Wenn man ihm ein Küsschen auf den Hals gibt, an eine Stelle unter dem Kiefer. Wenn er ein Ei oder sogar ein Stück Schweinsbraten essen darf. Wenn er Musik hört, die er mag. Wenn er im Wasser strampelt. Wenn er bei uns ist. Dann ist er glücklich. In seiner Welt.

Dieses Jahr bin ich fünfzig Jahre alt geworden. Wie viele in meinem Alter habe ich mich bei dem Versuch ertappt, Bilanz zu ziehen, zu schauen, ob mein Leben so geworden ist, wie ich mir das als Heranwachsender gewünscht hatte. Als erfahrener Hobby-Melancholiker kam ich schnell ins Grübeln. Meiner Meinung nach muss man unterscheiden, ob man von Glück haben oder vom Glücklichsein spricht.

Glück hatte ich, dass ich meine Frau kennenlernen und mich in sie verlieben durfte und sie sich doch tatsächlich völlig unglaublicherweise auch in mich verliebte. Dass Friedrich so krank ist, ist hingegen ein großes Unglück. Ein Glück ist es, dass er mit sich so im Reinen ist und meistens einen zufriedenen Eindruck macht. Würde man mich fragen, ob ich glücklich bin, dann würde ich, trotz der großen Sorgen, die wir haben, und des Kummers, der uns oft gefangen nimmt, trotz der Konflikte, die meine Frau und ich natürlich haben – nicht zuletzt, weil wir beide die meiste Zeit psychisch und physisch am Ende sind –, trotz der Einschränkungen meiner beruflichen Karriere und trotz der Trauer, die wir empfinden, wenn wir an Friedrichs Zukunft denken, die Frage mit ja beantworten. Denn Friedrich geht es gut. Er hat keine Schmerzen und spürt, dass er geliebt wird, dessen sind wir gewiss, er zeigt es uns mit seinem Lächeln. Wir arbeiten jeden Tag hart daran, dass Friedrich es behält, indem wir alles versuchen, ihm Schmerzen zu ersparen und ihn zu fördern. Vor allem meiner Frau, die ihn seit seiner Geburt täglich eine Stunde dehnte und beturnte, jeden Tag, sieben Tage die Woche, ist es zu verdanken, dass es ihm gut geht. Dafür bin ich ihr sehr dankbar.

Glück ist da, wo Liebe ist. Alles andere ist häufig schwer, ärgerlich, belastend, unangenehm, überfordernd, frustrierend. Und ja, ich frage mich natürlich, warum wir dies alles durchmachen müssen, warum gerade wir und womit wir das verdient haben. Selbstverständlich gibt es keine Antwort auf diese Fragen, und der Trost, den Religionen in diesen Situationen anbieten, kommt bei mir nicht an. Ich glaube nicht daran, dass alles einem göttlichen Plan folgt und unser Schicksal eine Prüfung ist, die wir bestehen müssen, um Erlösung zu erlangen. Ich habe persönlich kein Interesse an einem Leben nach dem Tod, mir reicht ein Leben vor dem Tod. Aber ja, ich bin glücklich mit meinem Leben. Auch wenn ich mir wünsche, dass vieles anders gekommen wäre. Denn ich liebe meine Familie, und ich darf ihre Liebe spüren.

Beim Windelwechseln höre es auf, da sei die Grenze der Inklusionsbereitschaft überschritten, sagte ein Schulrektor, wie ich letztes Jahr in einer Zeitung las. So unangenehm es sein mag, so sehr ist dies ein Teil von Friedrichs Existenz, weswegen wir uns auch nicht schämen, ihn in der Öffentlichkeit zu versorgen. Wie hier am Rande einer Autobahn nach Hamburg.

Friedrich kann sein Geschäft nicht allein verrichten. Zuhause haben wir einen speziellen Sitz vom Reha-Ausstatter, in dem man ihn festschnallen kann, und den man entweder über die Toilette schiebt oder unter ihm ein Töpfchen montiert. Aber meistens macht er in seine Windeln, die entsprechend zeitig gewechselt werden müssen, damit sie nicht auslaufen. Für Eltern stellt sich nicht die Frage, ob man das eklig findet, es ist ein Fakt des Lebens, ob man mag oder nicht.

Wenn diese unangenehmen Tätigkeiten anstehen, ihn zu heben gehört auch dazu, spreche ich mit ihm und lobe ihn dafür, was er uns wieder mal für ein großes Geschenk beschert hat. Und auch noch selbst gemacht. Beim Heben bitte ich ihn, dass er nicht wegfliegt, weil eine Windböe ihn mitreißen könnte. Das ist natürlich Quatsch, aber es fällt mir leichter so, als wenn ich mich über die Anstrengung ärgern würde. Ein Verkehrs-Stau löst sich ja auch nicht dadurch auf, dass man hinter dem Steuer rumbrüllt, mit Humor ist vieles leichter zu ertragen. Ich verstehe einerseits, wenn Menschen den Prozess des Windelwechselns unappetitlich finden, denn das ist er. Andererseits finde ich, dass es reichlich gestrig ist, dieses Thema immer noch zu tabuisieren, ähnlich wie Menstruationsblut, welches in der Werbung blau eingefärbt wird. Gegen Ende meiner Schulzeit haben die Jungs auf dem Pausenhof oft gesagt, dass sie sich nicht vorstellen könnten, als Zivi alten oder behinderten Menschen das Gesäß zu waschen. Und offensichtlich findet auch der genannte Schulrektor aus der Zeitung es undenkbar, dass einem behinderten Menschen in seiner Schule die Windel gewechselt wird. Für ihn und alle anderen habe ich eine Neuigkeit: Sehr vielen von uns muss eines Tages – wenn wir alt sind und nicht mehr in der Lage, zur Toilette zu gehen – der Intimbereich gewaschen und der Hintern gewischt werden. Und ich glaube, wir alle werden froh sein, wenn es jemanden gibt, der das für uns macht. Je früher wir anfangen, Dinge, die zum Leben gehören, als normal zu betrachten, desto weniger werden wir Schwierigkeiten damit haben, sie für andere zu tun oder sie über uns ergehen zu lassen.

Behindertentoiletten sind in der Regel nicht ausreichend groß und verfügen über keine Flächen, auf die man einen ausgewachsenen behinderten Menschen legen kann.

Die Problematik, dass Familien mit behinderten Angehörigen keine Möglichkeit haben, sie im öffentlichen Raum zu versorgen, führt in der Konsequenz dazu, dass diese Menschen vom öffentlichen Leben ausgeschlossen sind, was man als Diskriminierung bezeichnen muss. Inklusion bedeutet, dass überall die Möglichkeit geschaffen wird, am Alltag teilzunehmen. Wenn dabei eines der elementarsten Bedürfnisse mehrfach schwerstbehinderter Menschen nicht berücksichtigt wird, liegt die Vermutung nahe, dass das klischeehafte Denken der Entscheidungsträger dafür verantwortlich ist. Für diese ist ein behinderter Mensch entweder ein Rollifahrer, der seinen Rolli selbst fahren kann, oder ein Mensch mit Downsyndrom oder einer anderen Behinderung, die es noch erlaubt, sich selbstständig zu bewegen. Körperbehinderte, die mit Windeln versorgt und beim Wechseln hingelegt werden müssen, tauchen in den Überlegungen nicht auf, denn sie sieht man nicht.

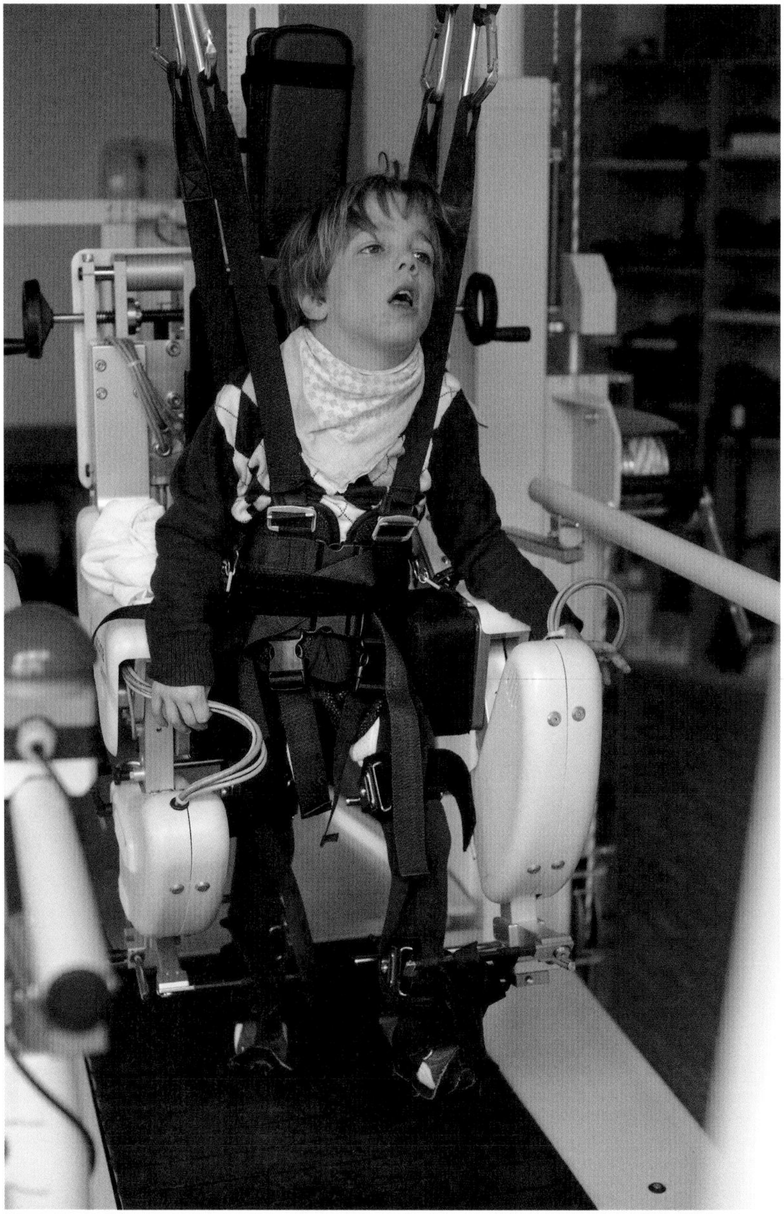

Das ist ein Lokomat. Eine geniale Maschine, die es gelähmten Menschen ermöglicht, auf einem Laufband das Gehen zu simulieren. Es dauert eine knappe Stunde, dort hinzufahren, fast eine halbe Stunde, Friedrich anzuschnallen, dann geht er zwanzig Minuten und wird wieder abgeschnallt, das alles zehnmal pro Jahr. Ob das reicht?

Wir können uns glücklich schätzen, dass wir in einem der reichsten Länder der Erde leben und eines der besten Gesundheitssysteme der Welt haben. Ohne die Möglichkeiten, die es in Deutschland gibt, wäre Friedrichs Lebensqualität mit Sicherheit wesentlich geringer; er hätte mehr Schmerzen. Und in manchen Ländern wäre er wahrscheinlich längst gestorben.

Wir sind uns darüber im Klaren, dass seine Versorgung sehr teuer ist und dass die Solidargemeinschaft des Landes, also der Steuerzahler, dies über Kassenbeiträge finanziert. Es ist dem Staat hoch anzurechnen, dass er es ermöglicht, auf all die Hilfen, die behinderte Menschen benötigen, zuzugreifen. Behandlungen, orthopädische Hilfsmittel und Operationen sind sehr teuer, und nicht überall in der Welt gibt es Förderschulen und Pflegeeinrichtungen wie hierzulande. Manche Familien reisen von weit her an, um in Deutschland medizinisch versorgt zu werden oder orthopädische Hilfsmittel zu bekommen. Das ist die eine Seite.

Dennoch haben wir das Gefühl, dass das System nur dann großzügig ist, wenn es darum geht, Apparate zu nutzen oder pharmazeutische Produkte zu verabreichen. Möchte man von der Krankenkasse eine Therapie bezahlt bekommen, bei der weder Apparate noch Medikamente eine Rolle spielen, kann es schwierig werden. Und das Argument, dass nicht genügend Studien vorliegen, um die Wirksamkeit der Therapie zu belegen, wird angeführt. Wohingegen ich, wenn ich Knieschmerzen habe, die oft durch Bänderreizungen oder Entzündungen verursacht werden, sofort ein MRT verschrieben bekomme. In unserer Stadt ist es sogar so, dass man bei vielen Orthopäden gar keinen Termin bekommt, wenn man nicht vorher ein MRT gemacht hat und mitbringt. Am Ende des Tages geht es darum, Geld zu verdienen, und es fühlt sich gelegentlich an, als ob es lukrativer ist, wenn Apparate oder Medikamente ins

Spiel kommen und diese Maßnahmen schneller verschrieben werden. Es gibt aber auch sinnvolle Apparate, die in anderen Ländern von den dortigen Kassen finanziert werden, hier aber nicht anerkannt sind.

Ebenso verwundert es mich, dass vieles davon abhängt, bei welcher Krankenkasse man ist. Wir wissen z. B. von einem Hilfsmittel, welches eine Krankenkasse genehmigt, unsere jedoch nicht, bei ähnlichem Befund des Kindes. Manchmal scheint es, als ob Kassen versuchen, die Anerkennung für Hilfsmittel zu verhindern oder zumindest zu verzögern. Selbst bei für jeden nachvollziehbaren, von den behandelnden Ärzten verordneten Hilfsmitteln, wie z. B. einem Pflegebett, scheint ausschlaggebend zu sein, welchen Sachbearbeiter man gerade erwischt hat. Bis das Pflegebett für Friedrich kam, vergingen eineinhalb Jahre, nur weil er ein breiteres als das Standardbett benötigt, es war ungefähr 20 Prozent teurer. Andererseits hörten wir, dass gebrauchte Hilfsmittel entsorgt werden, die noch funktionstüchtig, technisch aber nicht mehr auf dem neuesten Stand sind.

Viele Eltern können und wollen nicht darauf warten, bis diese Genehmigungen kommen und bezahlen die teuren Apparate und Therapien aus der eigenen Tasche.

Das Traurige daran ist, dass für das Wohl der Kinder am Ende doch das Einkommen der Eltern entscheidend ist.

Es ist schwer, eine Urlaubsreise zu buchen, die für alle passt und bezahlbar ist.
Meistens ist das Bad viel zu klein wie hier in der Toskana, wo es kaum möglich war,
ihn auf der Toilette festzuhalten, bis er sein Geschäft machen konnte.
Auch beim Duschen musste man sich sehr verrenken, um ihn sicher zu halten.
Doch wir haben große Sehnsucht danach, in die Ferne zu fahren wie alle anderen,
selbst wenn es nicht gerade erholsam ist.

Wir benötigen zwei Schlafzimmer, ein großes Bad und ein großes Wohnzimmer mit ausreichend Platz, damit eine Turnmatte ausgerollt und mit dem Rollstuhl rangiert werden kann. Alles am besten ebenerdig oder mit nur wenigen Stufen. Das läuft im Hotel auf zwei Zimmer hinaus, und Ferienwohnungen müssen entsprechend groß sein. Dann wird es schnell sehr teuer; das allein schmälert bei mir den Erholungsfaktor deutlich. Dazu kommt, dass immer einer bei Friedrich schlafen muss, denn er könnte des Nachts einen Krampfanfall bekommen; meistens mache ich das, meine Frau beturnt dafür Friedrich mehr, da ich eine kaputte Bandscheibe habe und deshalb schnell Rückenschmerzen bekomme.

Selbstverständlich möchten wir uns entspannen und ausschlafen, das geht aber nur für einen von uns, es ist also immer ein Kompromiss.

Einmal, als Friedrich noch kleiner war, nahmen wir eine Babysitterin mit in die Ferien. Eine junge Frau, die eine Ausbildung zur Heilpädagogin machte und uns über einen Behindertenverband vermittelt wurde. Der Gedanke war, dass wir so ein bisschen mehr Zeit zu zweit haben können. Doch obwohl wir uns alle gut verstanden, fehlte uns die Privatheit, die wir haben, wenn wir als Familie unterwegs sind. Und natürlich riss es ein noch tieferes Loch in die Urlaubskasse.

Ausreichend Schlaf finden wir nur, wenn wir im Neuen Kupferhof in Hamburg, einer Ferienwohnanlage mit angeschlossener Kurzzeitpflege, Urlaub machen. Kurzzeitpflegeeinrichtungen gibt es viele. Dort kann man sein behindertes Kind für eine bestimmte Zeit in die Obhut von qualifizierten Pflegern geben, wenn man sich in dieser Zeit nicht selbst kümmern kann, beispielsweise weil man selbst krank ist. Manche Familien nutzen sie auch, um sich selbst von den Pflegeaufgaben zu erholen, indem sie ihr Kind ein paar Tage weggeben. Der Neue Kupferhof wurde von einer Familie gegründet, die einen Ort suchte, der es ermöglicht, dass behinderte Kinder und gesunde Geschwister gemeinsam und für alle erholsam die Ferien verbringen. Die Familie hat Jahre benötigt, um eine Stiftung aufzubauen, Fördergelder zu bekommen und Spenden einzuholen. Mit dieser Idee waren sie die Ersten in Deutschland, mittlerweile gibt es wenige andere Einrichtungen dieser Art. Obwohl wir Hamburg sehr lieben und uns sehr auf unsere Zeit dort freuen, möchten wir von Zeit zu Zeit auch mal etwas anderes sehen, weshalb wir immer auf der Suche nach passenden Ferienunterkünften sind.

Unser erster Gedanke war: Da ist ein Therapeut mit seinem Patienten am Werk – auf so etwas kommt man, wenn man unser Leben hat.

Der Alltag wird sehr von den Terminen bei Therapeuten und Ärzten bestimmt. Unwillkürlich setzt man daher alles in Beziehung damit, wie auch die hier abgebildete Skulptur, die wir in Italien sahen.

Ich glaube, es ist wichtig, den Alltag immer mal wieder mit Humor zu betrachten, denn natürlich geht uns sehr vieles auf die Nerven, zum Beispiel die viele Fahrerei. Sich selbst ob dieser Fremdbestimmtheit zu bedauern bringt einen aber nicht weiter. Indes sind wir auch nur Menschen und wollen, dass jemand unsere Wunden leckt, und manchmal fehlt uns die Kraft, mit einem Witz die Realität zu überspielen.

Umso froher bin ich, wenn es mir gelingt, eine deprimierende Situation in etwas Positives zu verwandeln.

Im vergangenen Sommer besuchten wir an einem sehr heißen Tag ein Freibad in einer kleinen Provinzstadt. Das Bad war rammelvoll und schon vor der Kasse wartete eine lange Schlange meist pubertierender Jugendlicher, die sich gegenseitig neckten und Spaß hatten. Sie waren so mit sich selbst beschäftigt, dass sie Friedrich und uns zunächst gar nicht wahrnahmen. Als wir endlich die Kasse hinter uns ließen und Friedrich in seinem Rollstuhl auf die Wiese vor dem Schwimmbecken schoben, starrten uns auf einmal Hunderte Badegäste an. Anscheinend hatten sie noch nie einen Spastiker im Schwimmbad gesehen und waren deshalb verwundert.

Das Angegafftwerden ist unangenehm. Meine Frau drückte sich traurig an meine Seite und flüsterte zu mir: »Siehst du das?« Ich antwortete: »Klar sehe ich das, aber so ist das nun mal, wenn man so berühmt ist wie Friedrich; das geht Dieter Bohlen ganz genauso, wenn er ins Freibad geht.« Sie lachte, und auf einmal war die Anspannung weg. Schade, dass ich nur selten so schlagfertig bin.

Wenn das Wasser warm genug ist, fühlt er sich völlig frei. Ich hoffe, ich kann ihn noch lange halten.

Vor ein paar Jahren, es fühlt sich noch nicht lange her an, konnte meine Frau Friedrich noch hoch in die Luft werfen. Heute kann sie das nicht mehr, denn er ist zu schwer für sie. Und ich schaffe es auch schon fast nicht mehr, mit ihm die von uns so genannten »Pfö-Bomben« zu machen, die er sehr liebt. Den Laut »Pfö« hat Friedrich einmal von sich gegeben, als wir mit Freunden an einem Sommerabend auf der Terrasse saßen und angestrengt über ein schwieriges Thema diskutierten und, weil wir uns nicht einig wurden, betretene Stille eintrat. Es kam in so einem passenden Moment, dass wir alle lachen mussten. Vielleicht wollte er uns sagen: »So, jetzt hört mal auf mit dem Gelaber!« Für die Pfö-Bomben werfen wir ihn im Schwimmbecken in die Luft und fangen ihn kurz vor der Wasseroberfläche wieder auf. Die Mischung aus Sprung und Planschen findet er fantastisch und lacht sich dabei schlapp.

Sein Lachen ist so gewinnend und befreit, dass es für uns und jeden, der ihn sieht oder hört, eine Freude ist. Wenn wir ihn danach in die Sonne legen und abtrocknen, lächelt er oft selig und ist vollkommen entspannt. Ihn so zu sehen ist mit das Wundervollste, was ich kenne. Es umgibt ihn eine Aura der Glückseligkeit, die einen fast neidisch macht.

Da er größer, schwerer und auch kräftiger wird, erfordert es viel Kraft und einiges Geschick, ihn im Wasser festzuhalten, und man muss sehr aufpassen, damit er beim wilden Hin- und Herstrampeln kein Wasser schluckt oder einem gar entgleitet – das wäre lebensbedrohlich.

Noch schaffen wir es, ihn sicher im Wasser zu halten, aber sein Wachstum erinnert uns daran, dass wir älter und schwächer werden und er gleichzeitig schwerer und kräftiger wird. Es ist also absehbar, dass wir weniger aktiv mit ihm sein werden und durch diese Einschränkungen seine Lebensfreude abnehmen wird. Wir hörten von anderen

Eltern, dass deren erwachsene Kinder trauriger werden, je älter und größer sie werden.

Eines Tages werden wir wahrscheinlich selbst Hilfe benötigen und können ihm gar nicht mehr helfen, ganz zu schweigen davon, dass wir irgendwann nicht mehr da sind.

Dieser Gedanke ist schwer zu ertragen, weshalb wir ihn verdrängen. Man hangelt sich von Tag zu Tag und versucht, nicht zu sehr an die Zukunft zu denken. Friedrich wird unser Leben immer prägen, egal, ob er bei uns ist oder in einer Einrichtung leben wird.

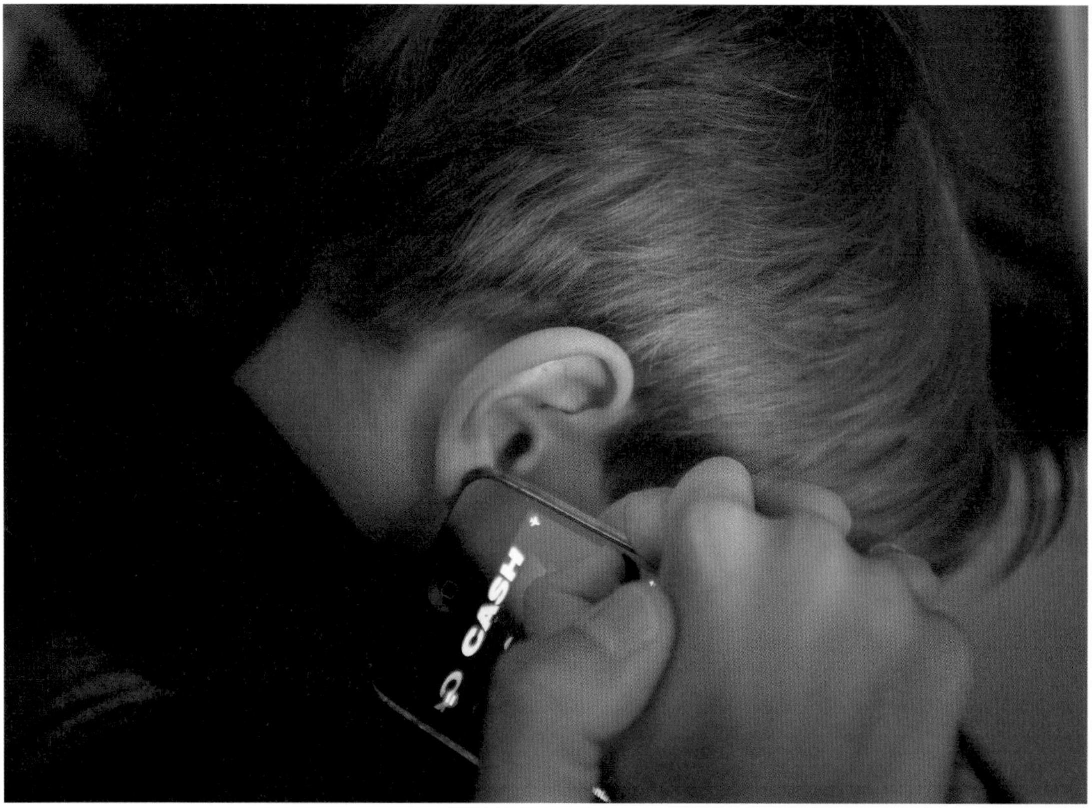

Es ist faszinierend, wie wichtig Musik für ihn ist. Nicht irgendeine Musik: Wenn er sogenannte Kindermusik hört, bekommt er schlimme Spastiken und fängt an zu weinen. Die Beatles, Johnny Cash und Carla Bruni entspannen ihn hingegen sofort.

»Ohne Musik wäre das Leben ein Irrtum«, schrieb Friedrich Nietzsche.

Anfangs, als wir noch häufiger die lange Fahrt nach Budapest zur Therapie unternahmen, hörten wir im Auto viel Musik. Für meine Frau und mich hat Musik einen sehr hohen Stellenwert. Einmal fragte ich sie, als wir nach längerer Abwesenheit in unsere Straße einbogen: »Stell dir vor, gleich sehen wir unser Haus und es wäre abgebrannt, alles wäre verbrannt, was würdest du am meisten vermissen?« Sie überlegte und nach einer Weile sagte sie: »Unsere Musik.« Ich war froh, denn mir würde es genauso gehen.

Auch wenn heute durch Streamingdienste alles überall verfügbar ist, ist es immer noch ein schönes Gefühl, eine Schallplatte, die ich mir mit 14 Jahren zusammengespart hatte, aus der Hülle zu nehmen. Dann puste ich den Staub ab und lege die Nadel auf die verkratzte Scheibe. Die ersten Takte erklingen, und schon stehe ich wieder in meinem Kinderzimmer.

Diese Liebe zur Musik hat sich auf Friedrich weitervererbt, ja sie ist bei ihm sogar noch bedeutsamer als bei uns.

Jemand sagte einmal, dass das Musikempfinden beim Menschen der erste Sinn ist, der sich entwickelt, und der letzte, der bei einer Hirnschädigung zugrunde geht. Wenn das stimmt, muss Musik im Bauplan des Menschen eine essenzielle Rolle spielen.

Eine andere Frage ist die des Musikgeschmacks, denn so unterschiedlich die Menschen sind, so unterschiedlich sind ihre Geschmäcker. Generell ist Friedrich sehr umgänglich, er beschwert sich nur, wenn ihn etwas wirklich ärgert, es ihm nicht gut geht, er Hunger oder Durst hat, kurz: wenn ihm etwas wichtig ist. Gute Musik ist ihm wichtig! Wenn sie ihm nicht gefällt, meckert er so lange, bis wir sie abstellen, besonders bei sogenannter Kindermusik, wie sie auf Kinderfernsehkanälen läuft, wird er fast wahnsinnig (wir übrigens auch).

Man weiß, dass das Hören von Musik mehrere Areale im Gehirn stimuliert und in vielerlei Hinsicht positiv auf die neuronale Entwicklung des Menschen einwirkt. Carl Orff hat mit der Entwicklung seiner Musikpädagogik viel dazu beigetragen, dass mit behinderten Menschen musikalisch gearbeitet wird. Und dass über diese Arbeit eine Kommunikation mit ihnen entsteht, die verbal nicht möglich ist. Als wir davon hörten, meldeten wir Friedrich zur Musiktherapie an und waren sehr traurig, als wir neben der Schulpflicht und anderen Therapien nicht mehr ausreichend Zeit fanden, die Therapie fortzuführen.

Ihm dabei zuzuschauen, wie er mal langsam und fast zärtlich, mal mit Furor auf die Tasten des Klaviers schlug, hatte etwas Magisches. Sobald der erste Ton erklang, den er produzierte, war sein Gesichtsausdruck ein anderer, er wirkte versunken. Stellenweise konnte man die Musik, die er begleitet durch die Musiktherapeutin spielte, sogar anhören. Es klang wie eine Mischung aus Keith Jarrett und Ry Cooder. Neue Musik eben, nicht jedermanns Sache, aber so ist das ja oft mit hoher Kunst …

Er sitzt lange am Tisch und schaut herum, als ob er über etwas nachdenkt.
Nur über was?

Häufig setze ich mich zu Friedrich an den Tisch und schaue ihn an.

Obwohl er mir nie in die Augen schaut und oft auch sonst nicht den Eindruck macht, als ob meine Anwesenheit ihm wichtig ist, sofern ich ihn nicht anspreche, ist es doch nie langweilig, ihn zu betrachten. Seine Mimik wirkt auf mich vielsagend und bedeutungsvoll. Mir fällt es leicht, in sie etwas hineinzuinterpretieren.

Das mag man als reine Projektion abtun, wirklich wissen kann kein Mensch, was in Friedrichs Hirn vor sich geht und ob es der Wahrheit entspricht, dass er keinen klaren Gedanken fassen kann. Kann es überhaupt sein, dass irgendjemand in irgendeinem Moment nichts denkt?

Ein Philosoph, ich meine, es war Nietzsche in »Also sprach Zarathustra«, schrieb, das unverständliche Gebrabbel eines Säuglings sei der Versuch, die höchste Weltphilosophie zu verkünden. Nur wir Älteren seien unfähig, diese Weisheit zu erkennen.

Die Buddhisten sagen, dass in der fast schon unendlichen Folge der Reinkarnationsphasen die behinderten Menschen am weitesten oben stehen, kurz vor dem Eintritt in das Nirvana. Sie hätten eine Weisheit erlangt, die den anderen noch nicht zur Verfügung steht.

Tatsächlich empfinde ich Friedrichs Gestik und Mimik als vielsagend und bedeutungsvoll – ohne konkret sagen zu können, was dahintersteckt.

Er wirkt auf eine besondere Art frei. Frei von der Überlegung, wie man im sozialen Miteinander wirkt, frei von der Überlegung, was morgen oder schon in einer halben Stunde oder der nächsten Minute sein wird, und frei von Scham und Sorge. Ihn zu betrachten und sich vorzustellen, was in ihm vorgeht, ist spannend, auch wenn keine Hoffnung besteht, es jemals herauszufinden.

Ohne Friedrich wäre die Weltmeisterschaft 2006 nie ein Sommermärchen geworden.

Wir sind keine Fußballfans, wie sehr viele in Deutschland haben aber auch wir uns mitreißen lassen von der wunderschönen, positiven Stimmung, die während der Weltmeisterschaft 2006 in Deutschland herrschte.

Wir hatten immer noch die Wohnung in Budapest und waren oft getrennt, was nicht leicht für uns war. Die Fußballspiele und die Euphorie im Land haben uns aber gutgetan und vom Alltag mit all den Sorgen um Friedrich und seine und unsere Zukunft abgelenkt.

Woody Allen hat sinngemäß einmal gesagt, dass das Leben unweigerlich auf die Katastrophe zuführt: Man wird älter, hässlicher, kränker, die Menschen, die man liebt, sterben, irgendwann stirbt man selbst. Angesichts dieser Aussicht hat man nur zwei Möglichkeiten, das Leben zu betrachten, entweder als Tragödie oder als Komödie.

Es ist überlebenswichtig, sich abzulenken, Begeisterung und Energie in Dinge zu investieren, die, oberflächlich betrachtet, völlig bedeutungslos sind wie zum Beispiel Fußball. Reinhold Messner, mittlerweile in hohem Alter, hat gesagt, dass er sein ganzes Leben lang nur völlig unsinnige Dinge getan habe. Es seien für ihn zwar tolle Erfahrungen gewesen, für die Menschheit aber seien sie eigentlich unbedeutend gewesen. Ich glaube, da hat er Unrecht, denn es ist diese Fokussierung auf das scheinbar Sinnlose – von Künstlern, die große Entbehrungen in Kauf nehmen, um ihre Kunst zu verwirklichen, weil sie sonst keinen Sinn im Leben sehen –, die dem Leben anderer Menschen Bedeutung verleiht und Leid, welches unweigerlich im Laufe des Lebens durchlitten werden muss, ertragbar macht. Messner hat mit seinen Expeditionen gezeigt, dass Ziele erreichbar sind, die man für unerreichbar hielt. Dass Entbehrungen ertragbar sind, von denen man dachte, sie seien unerträglich. Und dafür gebührt ihm Dank. Auch wenn er am Ende ein ganz normaler Mensch bleibt, der, wie alle anderen, alt, gebrechlich und verletzbar wird und irgendwann sterben und vergessen werden wird. In früher Vorzeit malten die Menschen Bilder an die Wände der Höhle von Lascaux und erschufen Erklärungen für schreckliche Erfahrungen, die die Natur ihnen zuführte. Später wurden diese gedanklichen Konstrukte komplexer. Götter, Halbgötter und Dämonen wurden erfunden, um das Unerklärbare des Lebens erklärbar zu machen und damit ertragbarer. Rituale wurden entwickelt, um Zusammenhalt und damit Sicherheit zu vermitteln. Später noch wurden daraus die Religionen, die über Jahrtausende hinweg den Menschen Hoffnung und Zuversicht schenkten und damit ihr geistiges Überleben sicherten. Heute, in einer weitgehend säkularisierten Gesellschaft, erfüllen Großereignisse wie zum Beispiel Sportwettbewerbe, aber auch Kunst eine ähnliche Funktion, weswegen sie wichtig für unsere Existenz sind und bedeutungsvoller, als man auf den ersten Blick denkt, besonders, wenn man sich nicht dafür interessiert.

Für uns war dieser Sommer 2006 eine schöne Zeit, denn für ein paar Wochen vergaßen wir ein wenig unsere Sorge um Friedrich. Außerdem sind wir überzeugt, dass unsere Elf es nicht so weit gebracht hätte, wenn Friedrich nicht zu jedem Deutschlandspiel den Deutschland-Strampler getragen und sein Fähnchen geschwenkt hätte.

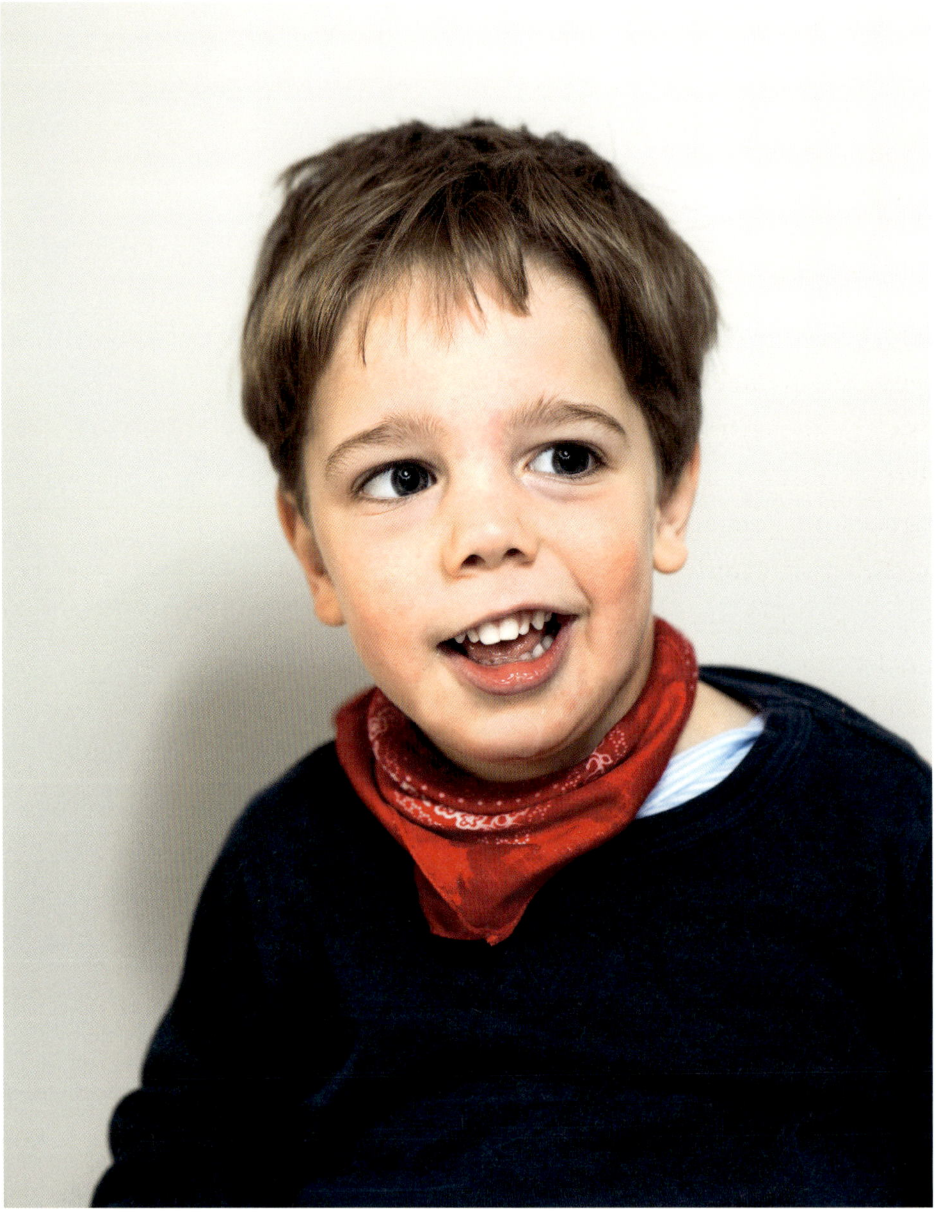

Einmal fotografierte ich Friedrich und seine Kindergartenkumpels. Allesamt schwerbehindert. So, dass ihre Behinderung nicht zu sehen ist. Viel zu oft werden sie auf ihren Befund reduziert und nicht als das gesehen, was sie zuerst sind: Kinder.

Jedes Jahr, kurz vor Weihnachten, geht es wieder los. Hilfsorganisationen aller Art plakatieren die Städte, um in dieser Zeit, wo die Spendenbereitschaft am höchsten ist, auf sich aufmerksam zu machen. Darunter sind auch große Verbände, die sich um behinderte Menschen kümmern. Diese Verbände haben die Mittel, über Agenturen Kampagnen konzipieren zu lassen. Deren Auftrag ist es, eine möglichst wirkungsvolle visuelle Welt zu entwerfen, mit der das Kommunikationsziel des Verbands erreicht wird. Das ist legitim, nur führt es in meinen Augen manchmal dazu, dass die Bildwirkung sich häufig auf zwei Klischees zuspitzt: Entweder es wird ein lachendes, nicht zu schwer behindertes Kind gezeigt mit der Aussage: »Schau mal, ist der nicht ›trotzdem‹ süß?«. Oder es geht in die Richtung: »Seht her, welch schlimmes Schicksal!«, um Mitleid zu erregen.

Da ich mich beruflich mit der Wirkung von Fotografie beschäftige und ich andererseits Vater eines behinderten Kindes bin, bin ich vielleicht mehr als andere dafür sensibilisiert, wie behinderte Menschen medial dargestellt werden. Oftmals geht es darum, den »Unterschied«, die Andersartigkeit dieser Menschen zu zeigen. Wenn man die Behinderung nicht sieht, könnte man ja denken, es wäre ein Kind wie alle anderen! Also wird zugespitzt, was den Blick auf die Persönlichkeit des Kindes verhindert, auf das Menschliche, Verbindende. Diese Mechanik hat für mich etwas Entwürdigendes.

Auch im redaktionellen Umfeld ist es, besonders in den letzten Jahren, in denen der ökonomische Druck immer größer wurde, leider oft so, dass der Mut, der Wille oder das Bewusstsein fehlen, die behinderten Mitmenschen klischeefrei zu zeigen, manchmal sogar, sie überhaupt zu zeigen. Eine Kollegin erzählte mir von einem Auftrag, Therapiehunde zu fotografieren, die eingesetzt werden, um mit Menschen mit

Behinderung zu arbeiten. Diese speziell ausgebildeten Tiere haben eine positive Wirkung auf Patienten, insbesondere mit Körperbehinderungen wie gehirngelähmte Kinder oder Schlaganfallpatienten. Sie berichtete mir, dass das Magazin am Ende ausschließlich Bilder gedruckt hatte, auf denen man die behinderten Kinder nicht sehen konnte. Vielleicht aus Sorge, Anzeigenkunden zu verlieren.

Oft kommt es mir so vor, als ob die meisten Leute im Umgang mit behinderten Menschen überfordert sind. Wenn es auf das Thema kommt, verlangsamt sich die Sprechgeschwindigkeit, ein ernster, nachdenklicher Gesichtsausdruck wird aufgesetzt und leiser gesprochen. Die meisten Leute wissen nicht, was sie dazu sagen sollen. Häufig verweisen sie irgendwann auf eine Dokumentation über eine ganz wunderbare Behinderteneinrichtung, die sie im Fernsehen gesehen hätten. Oder sie stellen Thesen in den Raum wie: »Diese Kinder suchen sich ja besondere Eltern aus.« (In manchen Religionen heißt es, dass für solche Familien ein Platz im Paradies reserviert wäre.) Damit wollen sie natürlich etwas Nettes sagen, im Sinne von »toll, wie ihr das schafft!«

Ich nehme das niemandem übel, denn woher soll auch ein unbefangener Umgang mit behinderten Menschen kommen, wenn es so wenige Berührungspunkte mit ihnen gibt? Dennoch kann ich mit derlei Respektsbekundungen oder Trost wenig anfangen. Wir lieben unser Kind, so wie es ist, und deswegen tun wir alles dafür, dass es ihm gut geht. So wie jedes andere Elternpaar auch.

Nach meinem Eindruck herrscht häufig die Annahme vor, dass es sich bei den behinderten Menschen um ein Problem handelt, für das es eine Lösung geben muss: eine gute Einrichtung, eine Behindertenwerkstatt oder ein Wohnheim. Dieses Denkmuster reduziert die behinderten Menschen auf ihren Befund und die daraus resultierenden Belastungen und Einschränkungen.

Natürlich muss die Versorgung finanziell für die Gesellschaft irgendwie darstellbar sein – dass es bei den Betroffenen um Menschen geht, gerät manchmal in den Hintergrund. Ein positives Beispiel ist der schon beschriebene Neue Kupferhof in Hamburg: eine Einrichtung, die es möglich macht, als Familie mit dem behinderten Kind und dessen Geschwistern gemeinsam die Ferien zu verbringen. Im Grunde eine normale Vorstellung: Eine Familie möchte zusammen in den Urlaub fahren. Sollte man meinen. Aber wie kommt es, dass diese Einrichtung erst seit wenigen Jahren existiert?

Und nur weil dies engagierte Eltern aufopferungsvoll möglich machten? Vielleicht daher, dass die staatlich geförderte Standardlösung etwas anderes vorsieht: nämlich dass das behinderte Kind in einer kassenfinanzierten sogenannten Kurzzeitpflegeeinrichtung abgegeben wird, damit die Restfamilie wegfahren kann.

Natürlich ist es gut, dass es auch mal die Möglichkeit gibt, ein paar Tage ohne das behinderte Kind zu verbringen, aber es muss auch Möglichkeiten geben, mit dem Kind zusammen die Ferien zu verbringen.

Wie kann es sein, dass ein Politiker einer Volkspartei, die sich dem Schutz der Familie verschrieben hat, einen Gesetzentwurf einbringt, der vorsieht, dass mehrfach schwerstbehinderte volljährige Kinder, die rund um die Uhr betreut werden müssen, aus den Familien gerissen und in Heime gebracht werden können, weil sich dort ein Pfleger um mehrere Kranke kümmert? Das ist nur möglich, wenn man die behinderten Menschen zuvorderst als Belastung für die Familien (und die Krankenkassen) ansieht und dabei außer Acht lässt, dass sie von ihren Eltern und Geschwistern geliebt werden, und zwar so, wie sie sind. Und dass diese Liebe von den behinderten Menschen auch erwidert wird. Wie kann man als christliche Partei das höchste Gut des Zusammenlebens, die Liebe unter den Familienmitgliedern, gerade und besonders in einem schwierigen Umfeld, gefährden wollen?

Selbstverständlich kann es für eine Familie eine wichtige Entlastung sein, wenn ein behindertes Mitglied stationär versorgt wird, keine Frage. Dies aber zur Regel zu machen und eine häusliche Pflege nur noch in Ausnahmen zu ermöglichen, ist ein massiver Eingriff in die Entscheidungsfreiheit der Familien, ihr Zusammenleben zu gestalten, und in das Selbstbestimmungsrecht der Patienten.

Hier offenbart sich, wie gefährlich klischeehaftes und rein ökonomisches Denken sein können.

Nach vier Jahren hatten wir uns endlich getraut, eine Mutter-Kind-Kur zu beantragen, um etwas Entlastung zu bekommen. Friedrich wurde tagsüber betreut, so dass meine Frau ein bisschen Zeit für sich hatte. Nach drei Wochen hatte er diese Liegeglatze. Sie hatten ihn einfach stundenlang hingelegt und nicht bewegt. Es dauerte Jahre, bis sie wieder zugewachsen war.

Wenn das eigene Kind nicht sprechen, es also auch nicht berichten kann, wie es von anderen Leuten, Pflegern, Erziehern, Therapeuten oder Kindern behandelt wurde, fällt es den Eltern gleich dreimal schwerer, es in die Obhut anderer zu geben. Der Vertrauensvorschuss, den wir dann den Pflegerinnen und Pflegern geben müssen, ist riesig. Das ist ungefähr mit dem Gefühl vergleichbar, das man hat, wenn man sein weinendes Kind in der Kita-Eingewöhnungszeit bei den Erziehern lässt. Nur eben auf Fortgeschrittenen-Level oder sogar Olympic-Expert-Level, wenn das Kind so schwerkrank ist wie Friedrich, jederzeit einen Krampf erleiden und nicht einmal davon berichten kann, wie es behandelt wird.

In seinem heilpädagogischen Kindergarten gab es einmal einen dramatischen Zwischenfall: Friedrich begann zu krampfen und seine Erzieherin versuchte ihn zunächst zu beruhigen, indem sie ihn im Arm hielt und hoffte, dass der Krampf schnell wieder vorbei ist. Wir hatten den Kindergarten angewiesen, uns in so einem Fall zu verständigen, bevor sie etwas unternehmen. Davor hatte Friedrich noch keinen so schweren Anfall gehabt, bei dem man so schnell wie möglich Diazepam rektal verabreichen muss. Je später man damit beginnt, desto höher muss die Dosis sein. Da das Medikament aber alle Vitalfunktionen verlangsamt – im Prinzip wirkt es wie Valium –, ist eine Überdosierung lebensgefährlich, da ein Atemstillstand ausgelöst werden kann. Gelingt es anderseits nicht, den Anfall zu unterbrechen, droht bei Friedrich ein Status Epilepticus, konstante Anfallstätigkeit ohne Unterbrechung, einem Wachkoma gleich.

Friedrich bekam also erst zu spät seine erste Dosis Diazepam, und als die vom mittlerweile gerufenen Notarzt gegebene zweite Gabe und dritte Dosis immer noch ohne Wirkung blieben, forderte dieser einen Intensivmedizinischen Krankenwagen an, weil er sagte, dass eine noch höhere Dosierung nur im Krankenhaus gegeben werden könnte. Sie hatten Angst, dass er stirbt.

Der Notarzt fuhr mit Friedrich im Krankenwagen in die Klinik. Unterwegs hörte er auf zu krampfen, aber nach seiner Ankunft in der Klinik ging es wieder los, so dass er intensivmedizinisch versorgt werden musste. Danach schlief er eineinhalb Tage durch.

Wenn man so etwas erlebt hat, wird man sehr vorsichtig und misstrauisch, wem man sein Kind anvertraut, selbst wenn die Erzieher alles richtig machen. Da wir aber gezwungen sind, Friedrich auch hin und wieder abzugeben, ist es schlicht unmöglich, ihn immer unter Kontrolle zu haben. Und klar, alle Menschen machen Fehler, wir auch. Manchmal auch solche, die Friedrich Leid zufügen. Die Erzieherin im Kindergarten tat uns sehr leid, denn sie war nach diesem Ereignis nervlich am Ende.

In der Mutter-Kind-Kur, in die wir Friedrich mit vier Jahren erstmals (und danach nie wieder) gaben, waren Kinder mit den mannigfaltigsten Behinderungen untergebracht. Dort gab es Kinder mit Down-Syndrom, Autisten, Spastiker, Epileptiker und manche, die von allem ein bisschen hatten. Friedrich ist ein Kind, das nicht spricht und dank intensiver Therapien mit sich im Reinen ist, also keine Schmerzen hat und kaum auf sich aufmerksam macht. Trotzdem muss er regelmäßig umgelagert und unter seinen Kopf muss ein Seidentuch gelegt werden, damit er sich nicht die Haare abreibt. Seine Windeln müssen regelmäßig gewechselt und ihm muss ausreichend zu trinken und zu essen gegeben werden. Wenn die Heilpädagogen sich aber um eine Gruppe kümmern müssen, in der ein aggressives Kind andere und sich selbst verletzt oder es ständig versucht wegzurennen, ist es klar, dass die Bedürfnisse von Friedrich zweitrangig sind und er hinten runterfällt.

So viel Verständnis wir auch für die schwierigen Umstände in den Einrichtungen haben, so sehr fühlen wir uns trotzdem, als ob wir ihn verraten haben, wenn wir ihn weggeben und er schlecht versorgt wird.

»From Fashion to Reality«, so hieß die Ausstellung des berühmten Fotografen, die wir in München besuchten. Mode, getragen von wunderschönen Menschen auf fabelhaften Bildern an den Wänden, ein gut gekleidetes Publikum, oft mit langen Beinen und hochhackigen Schuhen davor. Und obwohl wir uns inmitten dieses Glamours ein bisschen fühlten wie Badehosenträger auf der Hochzeit von Meghan und Prinz Harry, fanden wir, dass Friedrich der hipste Besucher war.

Ich bin ein großer Bewunderer des leider kürzlich verstorbenen Fotografen Peter Lindbergh. Ihm hat die Modefotografie ein humaneres, weil wahrhaftigeres Frauenbild zu verdanken. Er hat in einer Zeit, als Modelle nur Fassade waren und deren Persönlichkeit niemanden interessierte, Bilder geschaffen, die die Frauen nicht mehr nur als sexualisierte Projektionsflächen zeigten, sondern als tiefgründige, reife, erwachsene Menschen.

In seiner Retrospektive in München konnte man außerdem gut beobachten, dass seinen Ideen ein breites kunsthistorisches Wissen zugrunde lag. Er zitierte oft Kompositionen, Bildwelten und Stimmungen aus anderen Kunstformen wie Film und Malerei. All dies führte zu einem großartigen Gesamtwerk.

Das Einzige, was mich störte, war der Titel: »From Fashion to Reality«, der Anspruch also, die Realität zu zeigen. Das ist natürlich Blödsinn. Peter Lindbergh war ein Meister des gezielten Einsatzes von Licht und sich sehr bewusst, wie er seine Modelle inszenierte. Dazu hatte er einen Stab an Assistenten, Visagisten und Stylisten als Mitarbeiter, die halfen, die Inszenierung der Modelle nach Lindberghs Vorstellungen umzusetzen. Hier von Realität zu sprechen, finde ich mindestens gewagt. Eine Inszenierung ist eine Inszenierung.

Als wir so durch die Ausstellung schoben, empfand ich es vielmehr so, als ob das Einzige, was in dieser Szenerie auf »Realität« hinwies, Friedrich war. Deshalb habe ich dieses Bild gemacht.

Etwa zehnmal im Monat fahren wir zu Therapien, Ärzten, Hilfsmittelanpassungen.
Es sind viele Stunden, die wir mit ihm im Auto verbringen.

Wir wohnen in einer Großstadt, keine 100 Meter von einer U-Bahnstation entfernt. Trotzdem brauchen wir ein Auto, obwohl wir gar keines wollen.

Wir sind bewusst in die Stadt gezogen, weil klar war, dass Friedrich eine hochqualifizierte Versorgung benötigt, die man auf dem Land nur schwer bekommen kann. Wann immer es geht, nehmen wir die öffentlichen Verkehrsmittel, weil es meistens schneller ist und weil wir nicht dazu beitragen möchten, dass unsere Stadt an noch mehr Feinstaub und CO_2 erstickt. Leider geht es aber nicht ganz ohne Auto. An Tagen mit schlechtem Wetter oder wenn es kalt ist oder gar Schnee liegt, ist das Risiko größer, dass Friedrich sich erkältet, was bei einem Kind, das nicht in der Lage ist, sich die Nase zu putzen, sehr unangenehm ist. Außerdem fehlen Möglichkeiten, ihn hygienisch zu versorgen. Deshalb haben wir uns einen Bus gekauft, dessen Ladefläche man nutzen kann, um ihn hinzulegen, und in den man eine Rampe bauen kann. Allein der Umbau hat eine hohe vierstellige Summe gekostet. Naiv, wie ich war, dachte ich, dass die Krankenkasse ein entsprechendes Auto bezuschusst: ein Fehler. Wenn, dann würde dies das Sozialamt übernehmen. Allerdings nur, wenn in der Begründung ausschließlich Fahrten zur Wahrnehmung von Freizeitaktivitäten aufgeführt werden. Nur dann greift die sogenannte Wiedereingliederungshilfe, die Zuschüsse gewährleistet, um die Teilhabe an der Gesellschaft zu ermöglichen. Das klingt gut, in der Realität sieht es aber so aus, dass die Kassen und das Sozialamt sich den schwarzen Peter hin- und herschieben. Und natürlich ist es so, dass wir das Auto für beides benötigen: für die Fahrt zum Badesee genauso wie für die Fahrt ins Krankenhaus.

Viele Familien haben keine Kraft für dieses Zuständigkeits-Ping-Pong, das nicht nur Zeit, sondern in meinem Fall auch Geld kostet, weil ich als Selbstständiger eine vom Steuerberater beglaubigte Einnahmen-Ausgaben-Überschuss-Rechnung beifügen muss, die kostenpflichtig ist. Und zwar jedes Mal, wenn wir einen Förderantrag stellen. Viele Stiftungen müssen eine Bedürftigkeitsprüfung durchführen, bei der es schwer wird, sofern man ein gewisses »Vermögen« überschreitet.

Wir sind nicht reich, aber auch nicht bedürftig. Damit fallen wir in eine Lücke, wie uns die Sozialarbeiterin, die für uns zuständig ist, mitteilte: zu reich, um alle Hilfen genehmigt zu bekommen, zu arm, um diese selbst zu finanzieren. Vieles geht nur, weil uns private Stiftungen unterstützen, wofür wir sehr dankbar sind.

Andere Kinder wissen oft nicht, was sie mit Friedrich anfangen sollen, manche sagen: »Der kann ja gar nichts.«
Doch: glücklich sein.

Nicht behinderte Kinder reagieren immer wieder irritiert, wenn nicht sogar befremdet oder verängstigt, wenn sie das erste Mal ein Kind wie Friedrich sehen. Das liegt daran, dass sie meist getrennt von behinderten Kindern aufwachsen. Zudem wird es bei den gesunden Kindern spätestens in der Schule gefördert, sich mit anderen zu vergleichen.

Es ist für sie schwer zu begreifen, dass er nichts von alledem kann, wofür sie in ihrem Umfeld von Erwachsenen, Eltern oder Lehrern gelobt werden.

Je kleiner die Kinder sind, desto weniger scheint die Behinderung von Friedrich ein Hindernis für sie zu sein, sich mit ihm auseinanderzusetzen, ihn wahrzunehmen, ihn in ihr Spiel mit aufzunehmen. Je älter die gesunden Kinder sind, desto mehr werden die behinderten Kinder ignoriert, und irgendwann wird sich über sie lustig gemacht. Als ich klein war, war ich auch nicht besser, ich habe auch »Du Spast« als Schimpfwort verwendet und Witze über diese Menschen gemacht. Ich möchte nicht den Moralapostel spielen.

Es ist nur sehr schade für beide Seiten, dass Kinder nicht zusammen aufwachsen, wie es in anderen Ländern selbstverständlich zu sein scheint. Man weiß gut, dass davon auch die Gesunden profitieren, dabei ihre Empathie und Sensibilität geschult werden, was zu einem menschlicheren Miteinander in vielen Bereichen der Gesellschaft führt, nicht nur im Umgang mit Schwächeren.

Wie jeder Mensch hat auch Friedrich ein Bedürfnis nach Nähe und Berührung.
Noch können wir dem nachkommen. Aber wie wird es, wenn er ein junger Mann ist?
Er wird nie eine Freundin haben und, je älter er wird, immer weniger Zärtlichkeit erfahren.

Friedrich kann kaum sehen. Er kann gut hören, und er kann ebenso gut fühlen. Und er kann lieben. Dessen sind wir uns gewiss, denn er zeigt es deutlich, wenn er die Stimmen von vertrauten Menschen hört oder Berührungen erwidert. Wenn man ihn zum Beispiel streichelt oder ihm ein Küsschen gibt, wendet er sich dem Küssenden zu oder greift mit der Hand nach einem.
Sehr gerne krault er mich auch in meinen Haaren, wobei er mir, weil er durch die Spastik seine Finger plötzlich unwillkürlich zusammenkrallt, nicht selten ein paar Büschel rausreißt.

Aber ich weiß ja, dass es lieb gemeint ist.

Letztes Jahr, als Friedrich einen enormen Wachstumsschub mit der damit verbundenen Gewichtszunahme hinter sich hatte, nahm ich das Angebot wahr, einen sogenannten Kinästhetik-Kurs zu besuchen. In diesem Kurs lernt man, angeleitet von einer Krankenschwester, Patienten möglichst kraftsparend zu heben, damit man nicht nach kurzer Zeit selbst zum Pflegefall wird.

Die Kursleiterin blickte auf 30 Jahre als Krankenschwester in der Geriatrie, der Pflege von älteren Menschen, zurück und war selbst von eher kleiner und zierlicher Statur. Sie musste also wissen, wie man mit Menschen umgeht, die wesentlich schwerer sind als man selbst.

In der Runde von zwölf Teilnehmern war ich der einzige Mann, und auch der einzige Teilnehmer, der dort war, weil er sein Kind pflegt. Die anderen Frauen hatten entweder einen Mann, der einen Schlaganfall erlitten hatte, oder sie mussten ihre Eltern bzw. Schwiegereltern versorgen. Allesamt wirkten erschöpft.

Zu Beginn des Kurses gab es einen Stuhlkreis, bei dem jeder seine Geschichte erzählt, damit man sich ein bisschen kennenlernt. Als die Reihe an mir und ich fertig mit dem Erzählen war, ging ein Raunen durch die Gruppe, und eine Frau sagte: »Das muss ja ganz furchtbar sein, besonders für ihre Frau!«

Ich empfand das als sehr unsensibel, denn obwohl ich, der Vater, offensichtlich im Kurs war, um meinem Sohn zu helfen, sprach sie mir damit ab, genauso schwer unter der Situation zu leiden wie meine Frau. Scheinbar sind in den Augen vieler Frauen Männer immer noch nicht fähig, Gefühle zu haben. So erkläre ich mir solche Äußerungen zumindest. Dieser mütterliche Gefühlshoheitsanspruch kann für Väter verletzend sein.

Natürlich war es nicht so gemeint. Der Kurs erwies sich als sinnvoll, denn es ging dabei nicht nur um reine Hebetechniken, sondern auch darum, sich in die Gefühlswelt des zu Pflegenden hineinzuversetzen und ein Gefühl der Gemeinsamkeit bei den Bewegungen zu erreichen, so dass der Patient sich nicht als Opfer, sondern als Partner sieht.

Patienten, die einen Schlaganfall erlitten haben, haben häufig das Gefühl für die Außengrenzen ihres Körpers eingebüßt. Es muss furchtbar sein, wenn man nicht mehr weiß, wo der eigene Körper aufhört, weil die sensorische Rückmeldung durch ein gestörtes Nervensystem nicht mehr funktioniert. Auch bei Spastikern ist es wichtig, dass der Körper eine Rückmeldung über seine Grenzen bekommt, deshalb muss unter den Füßen immer eine Fußplatte sein. Und der Körper muss, wie bei Neugeborenen auch, im Liegen mit Kissen umrandet werden. Ein weiterer Weg, dieses Gefühl zu stärken, ist es, bei jedem Anfassen entlang des Körpers zu streichen, so dass eine möglichst große Fläche berührt wird.

Berührung ist für diese Menschen also noch wichtiger als für gesunde. Umso trauriger ist der Gedanke daran, dass mein Sohn wahrscheinlich, je älter er wird, immer weniger davon erfahren darf. Denn das Kindliche geht verloren, er wird schwitzen und nicht mehr so süß sein wie früher. Außerdem schwerer und unhandlicher, er wird also nicht mehr getragen werden können.

Er ist ein fröhliches Kind, er lacht gern und viel. Seine Klassenkameraden sind sogar manchmal genervt, weil er so laut lacht. Am besten geht es ihm natürlich in den Ferien, wie hier in den Dünen von Dänemark.

Friedrich liebt es sehr, mit seiner Animation zu spielen. Es ist ein Gestell aus Holz, an dem verschiedene Spielsachen herunterhängen, nach denen er greifen, die er schlagen kann. Meine Frau suchte lange nach etwas Geeignetem. Und da es das nicht gab, entwarf sie selbst etwas in Zusammenarbeit mit einer Behindertenwerkstatt und ließ es dort bauen. Meine Frau ist sehr kreativ und ihr macht es großen Spaß, sich schöne Sachen für Friedrich auszudenken. Irgendwann entwickelte sich daraus und aus der Tatsache, dass die meisten Produkte aus den Sanitätshäusern und der Reha-Ausstatter ziemlich unansehnlich sind, die Idee, dass auch andere Eltern daran interessiert sein könnten, ihren behinderten Kindern mehr schöne Sachen zu bieten. Daraus entstand »Handicäpchen, Schönes und Nützliches für besondere Menschen«. Meine Frau startete einen Online-Shop, ließ den Namen schützen, beauftragte Grafiker mit der Entwicklung eines Logos und dem Design einer Webseite. Sie nahm Kontakt zu einem Textilunternehmen auf, das spezielle Bodies herstellte, die größer als normal und perfekt auf die Figur der Kinder zugeschnitten sind. In ihrem Shop gab es zudem noch eine ganze Reihe anderer Spielsachen zu erwerben, die schön anzusehen waren, was wichtig ist, denn oft wird bei therapeutischen Gegenständen wenig daran gedacht, dass die Familien diese Dinge ständig um sich haben und darauf schauen müssen. Die Ästhetik eines Gegenstands mag für viele auf den ersten Blick unwichtig erscheinen, uns beiden als visuelle Menschen bedeutet sie jedoch etwas, und damit sind wir nicht allein.

Bis der Laden eröffnet wurde, dauerte es eine ganze Weile, aber es machte ihr großen Spaß, sich Dinge auszudenken, Kontakte zu Produzenten herzustellen und in Verhandlungen zu treten.

Nachdem ich anfänglich skeptisch war, ob das Projekt gelingt, war ich schnell stolz auf meine Frau. Darauf, dass sie es schaffte, etwas Positives, Schönes und Sinnvolles aus dem Nichts zu erschaffen und damit unser Schicksal in etwas Gutes zu wenden.

Schon allein der Name »Handicäpchen« ist toll, denn obwohl unser Kind objektiv betrachtet sehr schlimm dran ist, suggeriert der Diminutiv, dass es nur eine klitzekleine Einschränkung sei. Wenn das nicht genial ist, was dann?

Alles, was sie verkaufte, war liebevoll gestaltet, fair und lokal produziert. Weil die Stückzahlen klein waren, war der Einzelpreis entsprechend hoch und die Marge gering.

Nach 8 Jahren musste meine Frau schweren Herzens das Geschäft aufgeben; der Aufwand war einfach zu groß. Dennoch war es eine großartige Erfahrung und eine spannende Zeit. Ich bin froh und stolz, dass sie das durchgezogen hat.

Ein Tag am Meer

Um Handicäpchen zu bewerben, musste ein Prospekt erstellt werden. Und da ich Fotograf bin und Friedrich ein gutes Modell, hat meine Frau uns engagiert, um Aufnahmen für den Prospekt und die Webseite zu machen. Natürlich haben wir ihr einen guten Preis gemacht. Und so fuhren wir auf eine Nordseeinsel, um Friedrich mit verschiedenen Produkten zu fotografieren. Das schicke Halstuch, das er trägt, hat einen speziellen Sabberschutz eingearbeitet. Denn wenn es feucht ist, kann das schnell zu Erkältungen führen, da unter dem Halstuch die Bronchien liegen.

Am Strand herrschte viel Wind, und viele Leute ließen Drachen steigen. Wir gaben ihm eine kleine Drachenspule in die Hand, und das Ziehen des Drachens und Hin- und Herbewegen der Drachenschnur erfreute ihn sichtlich.

Wir waren froh, dass wir den vierstelligen Betrag für den Rehabuggy aufgetrieben hatten, mit dem man auch im Sand fahren und den man als Fahrradanhänger benutzen kann. Die Krankenkasse stellt entweder einen Rollstuhl oder einen Buggy. Für die Schule brauchte er den Rolli, deshalb kauften wir den Buggy privat, und das lohnte sich, denn mit dem Rolli wären wir nie auf den Strand gekommen, und dieses schöne Foto hätte es nie gegeben.

Wir waren sehr besorgt und unsicher, ob die große Operation wirklich notwendig war. Manchmal zerreißt es einen fast, weil man schwere Entscheidungen für ihn treffen muss und nicht weiß, ob sie in seinem Sinne sind.

Früh wurde uns klar, dass die intensive und anstrengende Manualtherapie, die wir in Budapest begannen, eine Investition in die Zukunft war. Wir lernten, dass im Laufe des Wachstums die Spastik immer größere Schäden anrichtet, wenn Gelenke, Sehnen und Muskeln die Balance des ganzen Körpers verändern. Bei anderen Kindern mit ähnlichem Befund musste schon im Alter von sechs Jahren operiert werden. Skoliosen, Hüftdysplasie und Fußdeformationen entwickeln sich bei schweren Spastikern fast immer irgendwann und müssen chirurgisch korrigiert werden. Wenn das Wachstum aber noch nicht abgeschlossen ist, muss häufig nachoperiert werden. Das ist nicht nur jedes Mal riskant, sondern auch für die gesamte Familie eine immense Belastung. Denn nicht nur während der Zeit im Krankenhaus, sondern auch während der Rehabilitation, die mindestens drei Monate dauert, muss immer jemand bei dem Kind sein. Je später operiert werden kann, desto besser, weil so keine wachstumsbedingten Folgeoperationen notwendig werden.

Wir wissen oft schon nicht, wie wir unseren Alltag einigermaßen auf die Reihe bekommen sollen – wenn einer von uns beiden dann komplett ausfällt, ist der andere sehr schnell überlastet, dann bricht alles zusammen. Vor allem meine Frau beturnt neben ihrer Arbeit und neben vielen anderen Aufgaben Friedrich täglich bis zu eine Stunde lang. Zusätzlich zu der Standardphysiotherapie, die er wöchentlich in seiner heilpädagogischen Tagesstätte bekommt, und dem Manualtherapie-Wochenblock einmal im Monat.

All das hat uns lange vor den oben geschilderten Problemen und Operationen bewahrt. Und vielleicht hätte sich auch die erste Operation, die er als Dreizehnjähriger an seiner Wirbelsäule über sich ergehen lassen musste, noch weiter hinauszögern lassen, hätte er im Jahr davor nicht einen Wachstumsschub von über 20 cm gehabt. Er wuchs so schnell, dass wir mit dem Beantragen der Hilfsmittelanpassungen (größerer Rollstuhl, Hochstuhl etc.) gar nicht mehr hinterherkamen. Vom ersten Antrag bis zur Bereitstellung des Hilfsmittels vergehen nicht selten mehrere Monate. Zum einen, weil der Verwaltungsaufwand enorm und die Bearbeitung langwierig ist, zum anderen, weil die Reha-Ausstatter gehalten sind, sogenannte Wiedereinsätze von Hilfsmitteln zu liefern, um Kosten zu sparen.

Wenn man das eigene Kind wochenlang in einem zu kleinen Rollstuhl sitzen sieht, den Oberkörper schlaff zu einer Seite hängend, braucht man kein Medizinstudium, um zu sehen, dass das sehr schlecht für das Kind ist und dringend gehandelt werden muss.

Wenn der größere Rollstuhl nicht kommt, fühlt sich das vielleicht ähnlich an, als würde man auf eine Spenderniere warten. Mit jedem Tag wird man nervöser.

Bei einer Untersuchung im Mai 2017 wurde noch keine Wirbelsäulendeformation festgestellt, im September hatte die Wirbelsäule eine schwere Skoliose mit einer linksseitigen Neigung von 70 Prozent.

Ein halbes Jahr versuchten wir, die Skoliose mit Hilfe eines Korsetts aufzuhalten – in dem er aussah wie ein Stormtrooper aus Star Wars und unter dem er im Sommer so stark schwitzte, dass wir ihm einen Kühl-Akku in den Rücken steckten –, vergeblich.

Dann begannen die Suche nach einem geeigneten Krankenhaus und die Beratungsgespräche mit diversen Fachärzten an unterschiedlichen Orten. Meistens waren diese Termine mit langen Wartezeiten verbunden. Eigentlich ist es die Regel, dass man nicht pünktlich drangenommen wird, weil die Auslastung der Krankenhäuser maximal betrieben wird. Wenn man in ein Großstadtkrankenhaus geht, ist die Chance zudem sehr hoch, dass noch ein Notfall dazwischenkommt. Für Friedrich und uns ist das jedes Mal eine Tortur, denn er sitzt dann zu lange im Rollstuhl, irgendwann macht er in seine Windel, aber es gibt oft keine Möglichkeit, sie zu wechseln.

Einmal fuhr ich mit ihm eineinhalb Stunden mit dem Auto quer durch den morgendlichen Berufsverkehr, weil der Termin in dem großen Krankenhaus für acht Uhr morgens angesetzt war. Das bedeutete, dass ich um fünf Uhr aufgestanden bin, weil es ungefähr eine Stunde braucht, bis man ihn geweckt, angezogen, gewaschen und gefüttert hat. Der Chirurg kam um 10 Uhr 15 und hielt es nicht für angebracht, sich für die Verzögerung zu entschuldigen. Als ich ihn einigermaßen angefressen darauf ansprach, bekam ich die Antwort, dass er sich für nichts entschuldigen könne, wofür er nichts kann, und er ging, ohne dass die Untersuchung stattfand. Nach solchen Erlebnissen fühle ich mich jedes Mal wie ein Fußabtreter. Erniedrigt.

Hinter der roten Linie beginnt der OP-Bereich, wo Friedrichs neunstündige Wirbelsäulenoperation stattfindet. Ich halte durch, bis die Pfleger ihn mitnehmen, dann breche ich zusammen.

In seinem ersten Lebensjahr beobachteten wir jede noch so kleine Bewegung Friedrichs. Aus medizinischen Fachbüchern wussten wir, in welchem Monat welche motorische Entwicklung stattfinden musste, also Drehen, Rollen, Krabbeln usw. Wenn bestimmte Bewegungsmuster nicht innerhalb eines zeitlichen Korridors von wenigen Monaten etabliert werden, wird es immer unwahrscheinlicher, dass sie jemals erlernt werden.

Schon wenn man Friedrich als Säugling hochhob, spürte man, dass seine Muskelspannung im Rumpf und im Nacken schwach war. Unsere Therapeutin sagte uns, dass die Kopfhaltung wichtig ist und wir mit ihm Übungen machen sollten. Dabei feuerten wir ihn an, als ob er in der letzten Runde eines Boxkampfes wäre, damit er sein kleines Köpfchen nach vorne hob, während wir ihn aus der Rückenlage an den Ärmchen hochzogen. Es sah ein bisschen aus wie Sit-ups. Heute ist seine Kopfhaltung wesentlich besser. Dank der vielen Therapieeinheiten, die meine Frau mit ihm durchführte.

Eine Bewegung, die Friedrich lernte, war der von uns so getaufte »Super-Stütz«. Von der Bauchlage streckte er seine Arme durch und ging in den Stütz. Jedes Mal, wenn ihm das gelang, lächelte er stolz. Auch hier feuerten wir ihn laut an, als sei er ein Marathonläufer kurz vor der Ziellinie, und wir applaudierten ihm auch, weil wir stolz waren, dass er das schaffte. Der Super-Stütz war die Voraussetzung dafür, dass er sich umdrehen und ein wenig selbstständig über den Boden bewegen konnte. Ein klitzekleines Stück Unabhängigkeit und Selbstbestimmung, das wir ihm nun durch die operative Versteifung der Wirbelsäule nehmen mussten. Er wird nie wieder in den Stütz gehen können, da sein Oberkörper nun steif wie ein Brett ist.

Die Operation barg gravierende Risiken – allein das Anästhesie-Aufklärungsgespräch dauerte drei Stunden, und das für die eigentliche Operation war noch mal so lang –, und wir hatten nicht die Möglichkeit, es mit ihm zu besprechen, ihn darauf vorzubereiten, dass er nach der OP in einem anderen Körper aufwachen und nie mehr über den Boden rollen würde. Für die Operation fuhren wir in eine Fachklinik, drei Stunden entfernt von unserem Zuhause. Nur einer konnte bei ihm sein. Mit seiner Betreuung wechselten wir uns ab, die erste Woche ich, die zweite meine Frau.

Auch wenn Friedrich nicht spricht, hat er doch seine unsichtbaren Antennen, mit denen er unsere Stimmungen spürt. Deshalb bemühte ich mich, mir in der Zeit vor der Operation nichts anmerken zu lassen und einigermaßen Normalität auszustrahlen. Ich glaube, es gelang mir einigermaßen, er war ganz ruhig und entspannt in den Tagen vor der OP. Wie viel Kraft es mich gekostet hat, wurde mir erst bewusst, als sie ihn über die rote Linie schoben, die den OP-Bereich begrenzt. Denn noch im Fahrstuhl musste ich mich weinend auf den Boden setzen.

Es dauerte noch lange, bis ich Friedrich im Aufwachraum sehen konnte. Seine Haut war grün und aufgedunsen, an Armen und Beinen hingen überall Schläuche, er sah aus wie eine Spaghettilampe aus den Siebzigern. Unsere größte Sorge war, dass er durch die Versteifung seiner Wirbelsäule depressiv wird und sein Lächeln verliert.

Als ich ihn auf der Intensivstation sah und man mir sagte, dass die Operation gut verlaufen sei, war meine größte Sorge, er könne sein Lächeln verlieren, seine Freude an den kleinen Dingen seines Lebens.

Niemand konnte uns sagen, ob er sich in seinem neuen Körper heimisch fühlen wird. Und natürlich hatte er große Schmerzen. Es ist für mich immer noch schwer vorstellbar, wie man um zwei Drittel der Wirbelsäule ein Titangerüst bauen kann und in jeden Wirbel eine dicke Schraube reindreht. All das, ohne dass der Patient es spürt. Wir haben oft gehört, dass Körperbehinderte irgendwann unglücklich werden und manchmal sogar schwere Depressionen entwickeln. Sie fühlen sich in ihrem Körper gefangen und verzweifeln darüber. Friedrich ist ein glückliches Kind geblieben, Gott sei Dank, aber es war überhaupt nicht klar, dass das so bleibt, vor allem nicht nach so einem schweren Eingriff.

Zwei Tage blieb er auf der Intensivstation, und es dauerte ewig, bis er wieder die Augen öffnete und sich bewegte. Er weinte sehr viel wegen der Schmerzen, aber wohl auch, weil er spürte, dass er sich nicht mehr so bewegen konnte wie vor dem Eingriff, und weil er das natürlich nicht verstand.

Zwei weitere Tage musste ich warten, bis das erste Mal ein ganz sanftes Lächeln zu sehen war. Dieses Lächeln hat mich unbeschreiblich glücklich gemacht und überwältigt, so dass ich wieder in Tränen ausbrach. Diesmal Tränen der Erleichterung.

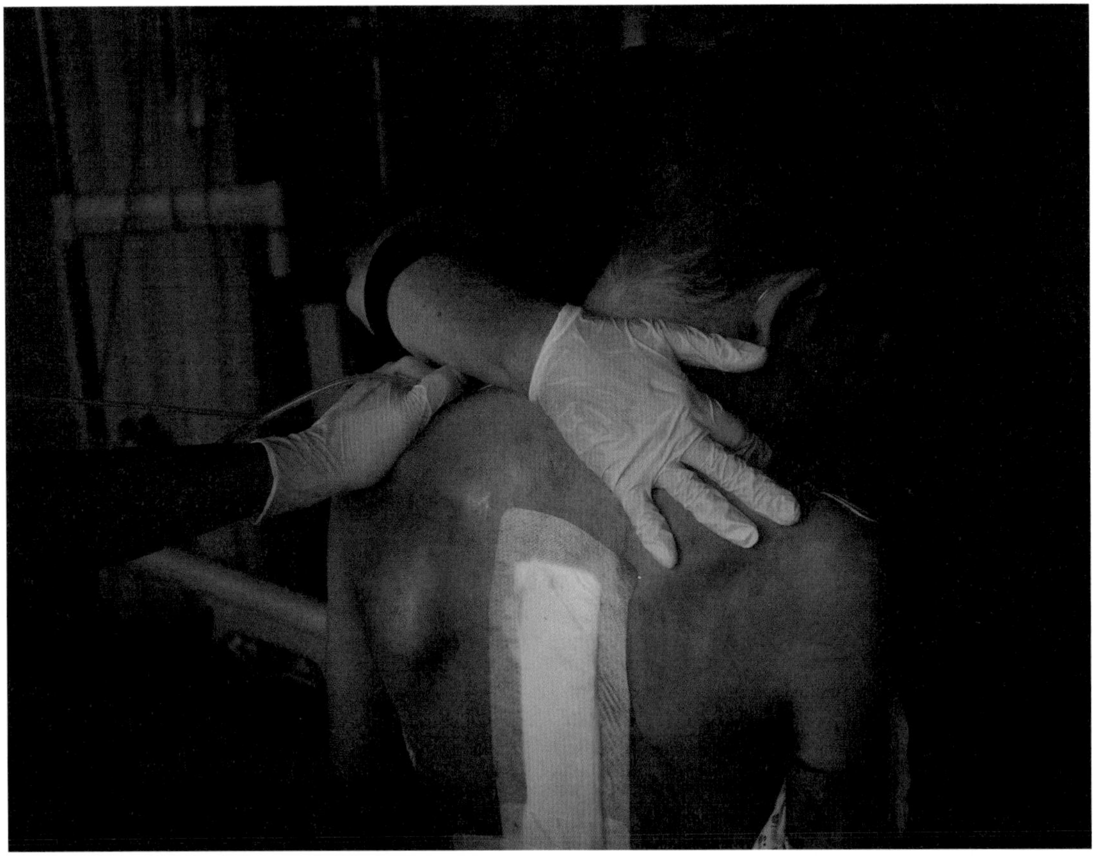

Was wäre unsere Gesellschaft ohne die vielen Menschen in den pflegenden Berufen, die jeden Tag aufs Neue Empathie mit Patienten wie Friedrich aufbauen, selbst wenn diese nicht einmal mit ihnen sprechen können?

Fast jeden Tag liest man vom Pflegenotstand in Deutschland. Nachdem er jahrzehntelang nicht beachtet wurde, scheint heute immerhin ein Bewusstsein für die katastrophale Lage vorhanden zu sein. Es werden Plakatkampagnen gestartet, die die Pflegeberufe bewerben; der zuständige Minister versucht in ärmeren Ländern Menschen zu finden, die den Job machen wollen. Pflege ist nun sogar ein Studiengang an Universitäten, mit dem Ziel, die Pflegeberufe aufzuwerten. Die Menschen, die uns helfen, sind für uns unentbehrlich, aber auch da gibt es Unterschiede, denn nicht jeder Pfleger ist gleich gut für die Arbeit mit einem Kind wie Friedrich geeignet. Denn anders als zum Beispiel während einer Operation, bei der der Patient unter Narkose steht, ist die Ansprache und die Art und Weise, wie man Friedrich berührt, sehr wichtig. Davon hängt es ab, ob er sich wohlfühlt oder nicht, er Schmerzen hat oder keine.

Wir haben schon Pfleger nach Hause geschickt, weil wir gesehen haben, dass sie keinerlei Empathie mit ihm aufbrachten und ihn bewegten wie ein Stück Fleisch in der Auslage einer Metzgerei. Die Arbeit als Pfleger ist physisch und psychisch kräftezehrend, ohne Frage, und nicht jeder ist ihr gewachsen.

Ich hoffe, dass neben der finanziellen Aufwertung der pflegenden Berufe auch eine gesellschaftliche stattfindet. Oft frage ich mich, warum Berufe, die ganz profund wertvoll sind für die Gesellschaft, schlecht bezahlt werden, und in Berufen, wo Menschlichkeit allenfalls abstrahiert eine Rolle spielt, so wie z. B. bei Börsenmaklern oder Unternehmensberatern, astronomische Gehälter gezahlt werden.

Wie wäre es, wenn es umgekehrt wäre? Wenn der Streetworker, der Sozialarbeiter, die Krankenschwester und der Krankenpfleger so bezahlt würden wie Rechtsanwälte? Würden wir nicht alle davon profitieren?

Eines Tages, Friedrich war vielleicht zwei Jahre alt, zeigte man uns einen Werbefilm einer Behinderteneinrichtung. Darin sahen wir zumeist schäbig gekleidete Kinder, die oft versabbert oder bekleckert waren, im Hintergrund lief »fröhliche« Kindermusik. Der Film wirkte hilflos und machte uns sehr traurig.

Es ist uns wichtig, dass Friedrich gut aussieht, als Teenager sowieso. Deswegen lassen wir ihm regelmäßig die schicksten Haarschnitte von Susan schneiden, einer der besten Friseurinnen der Stadt.

Ich weiß nicht mehr genau, wer uns den Film damals gegeben hat. Meine Frau und ich schauten uns den Film an und uns beiden schossen die Tränen in die Augen. Es war genau, wie man es sich vorstellt: eine Einrichtung ganz weit draußen, am Rande der Stadt, abgewetzte Möbel in freudlosen 80er-Jahre-Farben, davor die armen Kinder in bekleckerten Kleidern, die aussahen, als sei vollkommen egal, wie sie aussehen. Es ist aber nicht egal. Auch ihnen nicht, da bin ich mir sicher. Sie würden es sagen, wenn sie es könnten. Denn so, wie sie aussehen, werden sie von der Außenwelt wahrgenommen. Und wenn das unappetitlich ist, führt das zu noch mehr Ausgrenzung. Außerdem ist es auch für das Pflegepersonal eine positive Botschaft, wenn die Eltern ihre Kinder sorgfältig zurechtmachen, denn es zeigt Wertschätzung und erhält die Würde der Kinder. Aber ich weiß auch, dass es manchmal schwierig ist, auf saubere Kleidung zu achten – besonders im Winter, wenn es noch ein bisschen länger dauert, die Kinder anzuziehen, weil die Winterkleidung dicker ist und man noch früher aufstehen muss, um das Kind abholbereit zu machen.

In den Wintermonaten stehen wir um fünf, im Sommer um halb sechs Uhr morgens auf. Um 7 Uhr 15 kommt der Bus, der Friedrich abholt. Dazwischen muss Frühstück gemacht, er geweckt und vom Bett in seinen Hochstuhl getragen werden, Pausenbrot und Getränk vorbereitet, eine Botschaft an die Schule auf den Talker gesprochen, Windeln gewechselt, Kleidung und Fußorthesen angezogen, gefrühstückt, Medikamente verabreicht, das Gesicht gewaschen, die Zähne geputzt und der Ranzen gepackt – und schließlich Friedrich vom Hochstuhl in seinen Rollstuhl gesetzt werden. Wenn wir unter Zeitdruck sind (eigentlich immer), ist es wie beim Boxenstopp in der Formel 1: Einer zieht ihn oben an, der andere macht ihn unten herum fertig. Jede Sekunde zählt, und jeder Handgriff muss sitzen, denn er fährt ja mit anderen Kindern im Bus, die nicht unnötig lange auf Friedrich warten sollen.

Die erste Einrichtung, die wir uns nach der unangenehmen Erfahrung mit dem Film persönlich anschauten – und dafür mussten wir viel Mut aufbringen –, war ein Haus für vorwiegend sehbehinderte Kinder. Es lag zurückgesetzt an einer Ausfallstraße, hinter Bäumen versteckt. Auf den Fluren hing kein Bild, die ganze Einrichtung war ausgesprochen funktional, man könnte auch sagen freudlos. Vielleicht sagte man sich, dass es für blinde Menschen nicht relevant ist, wie ihre Umgebung aussieht. Für das sehende Personal jedoch spielt es eine Rolle und wirkt sich, bewusst oder unbewusst, auf seinen Umgang mit den sehbehinderten Menschen aus.

Als wir von dort nach Hause fuhren, waren wir beide sehr still. Wie alle Eltern möchten auch wir, dass unser Kind als ein integrativer, normaler Teil der Gesellschaft wahrgenommen wird. Die Perspektive, dass er eines Tages, früher oder später, sein Leben an einem Ort verbringen wird, der abseits liegt, jenseits des Alltags der anderen, machte uns sehr traurig.

Manchmal scheint alles ganz normal, der Buggy ist nur etwas größer als gewöhnlich.

Im Alltag nehmen wir Friedrich sooft es geht mit, wobei er nicht zu lange in einer Position verharren sollte. Wenn er stundenlang im Buggy oder Rollstuhl sitzt, ist das nicht gut für ihn. Häufig müssen wir ihn aber auch mitnehmen, weil sonst keiner da ist, der auf ihn aufpassen kann. Als er noch klein war, war es noch einfacher, eine speziell ausgebildete Babysitterin zu finden. Meist waren es Heilpädagogikstudentinnen, die neben dem Studium ein bisschen Praxiserfahrung mit behinderten Kindern sammeln wollten oder nach dem Abitur ein soziales Jahr machten. Aus dieser gemeinsamen Zeit sind Freundschaften entstanden, und wir sind noch Jahre später mit manchen der Betreuerinnen in Kontakt. Wir sind froh über die Hilfe, die wir bekamen, aber auch die Babysitter haben Friedrich in ihr Herz geschlossen und beschreiben die Zeit bei uns als eine sehr wichtige und prägende. Seit Friedrich in der Pubertät ist, haben wir allerdings keinen Babysitter mehr vermittelt bekommen. Für Frauen – und diese Berufe sind weiblich dominiert – ist er jetzt zu schwer, und wahrscheinlich ist es für manche auch ein Thema, dass er körperlich voll entwickelt ist.

Meine Frau und ich können nur sehr selten einmal ohne Kind ausgehen, Freunde besuchen oder ins Kino gehen, was wir beide vermissen. Dieser Mangel an Zweisamkeit ist, wie sich jeder ausrechnen kann, nicht besonders gut für unsere Beziehung.

Einmal, nachdem wir beide völlig mit den Nerven am Ende waren, wendeten wir uns mit der Frage um die Vermittlung eines Buftis – also einer Person, die im Rahmen des Bundesfreiwilligendienstes ein soziales Jahr absolviert – an eine Sozialarbeiterin. Sie antwortete, dass dies nicht möglich sei. Die Betreuungssituation in Deutschland sehe es nicht vor, dass Kinder über den Eintritt in die Pubertät hinaus zu Hause von den Eltern versorgt werden. Wir sollten ihn in ein Heim geben. Eine weitere häusliche Versorgung sei nicht mehr machbar. Sie gab uns eine Liste mit ein paar Adressen, das nächste Pflegeheim 78 Kilometer von uns entfernt. Das war ein Schock. Wir sollten unser Kind weggeben und dann auch noch in eine weit entfernte Stadt? In unserer Stadt sind die Pflegeheime und Internate überbelegt, zum einen weil die Einwohnerzahl stetig steigt, zum anderen, weil die Lebenserwartung behinderter Menschen in den letzten 20 Jahren durch Fortschritte in der Medizin stark gestiegen ist. Der Neubau von Pflegeheimen für schwerbehinderte Kinder und Jugendliche findet nicht ausreichend statt. Die Politik richtet ihr Augenmerk auf die Alterung der Gesellschaft, die zu dem mittlerweile breiter diskutierten Pflegenotstand geführt hat. Ich hoffe, dass auch die steigende Anzahl an erwachsenen schwerstbehinderten Menschen bald mehr politische Beachtung findet und ausreichend Betreuungseinrichtungen geschaffen werden.

Damals waren wir an einem Punkt angelangt, wo wir wussten, dass wir nicht mehr weitermachen konnten wie bisher. Wir waren überfordert, ausgelaugt und frustriert, deshalb beschlossen wir, uns den Fakten zu stellen und wenigstens einmal auszuprobieren, wie es ist, wenn Friedrich auch über Nacht in einer Einrichtung ist und nicht bei uns. Wir gaben ihn für ein paar Tage in eine Kurzzeitpflegeeinrichtung, die uns empfohlen wurde. Man fühlt sich wie jemand, der sein eigenes Kind verrät, wenn man es fremden Menschen überlässt, um eine gute Zeit zu haben, und muss unglaublich viel Vertrauen aufbringen, weil Friedrich uns ja nicht erzählen kann, wie es ihm ergeht. Aber wir mussten einfach Kraft schöpfen und wollten ein Gefühl dafür entwickeln, wie es ist, wenn er nicht bei uns ist.

Am Abholtag rief meine Frau am Vormittag in der Einrichtung an, um zu sagen, dass wir ihn am frühen Nachmittag abholen werden. Wir kamen zur verabredeten Zeit an. Nachdem wir die Tür geöffnet hatten, schlug uns eine Duftwolke aus Kot und Urin entgegen. Vom Personal war niemand zu sehen, dafür kam ein behindertes Mädchen auf dem Gesäß rutschend um die Ecke, und es wurde klar, woher der Gestank kam, denn man hatte ihm die Windel nicht gewechselt. Es konnte uns auch nicht sagen, wo das Pflegepersonal ist. Schließlich fanden wir die Pfleger in einem Aufenthaltsraum gemeinsam beim Mittagessen, jedoch ohne Friedrich. Auf unsere Frage, wo er sei, bekamen wir die Antwort, er mache jetzt Mittagsschlaf. Friedrich war zu der Zeit zwölf Jahre alt und machte schon lange keinen Mittagsschlaf mehr.

Sie hatten ihn in sein Zimmer in sein Liegeelement geschnallt, den Vorhang zugezogen und ihn dort allein gelassen. Er war natürlich hellwach und freute sich, als er unsere Stimmen hörte. Seine Haare waren fettig, und er war durchgeschwitzt, das letzte Mal hatte man ihn vor drei Tagen gewaschen.

Wir haben uns dafür geschämt, dass wir ihn dort abgegeben hatten und schworen uns, dass wir ihn so lange wie irgend möglich bei uns zu Hause haben würden.

Vielleicht hatten wir nur besonders viel Pech, weil die Personaldecke in dieser Zeit zu angespannt war oder aus anderen Gründen die Pflege nicht so verlief, wie sie es sicherlich in den meisten Einrichtungen tut. Bis wir dieses Erlebnis verdaut haben, wird es aber noch eine Weile dauern.

Dort oben leuchten die Sterne, und unten, da leuchten wir.

Es passiert nicht oft, dass wir an Veranstaltungen der kleinen Kirche in unserem Wohnviertel teilnehmen. Beim Nachmittagsgottesdienst an Weihnachten und den Sankt-Martins-Umzügen sind wir meistens dabei. Mit den Jahren ist Friedrich in unserem Viertel bekannt geworden, und wir haben nach und nach die anderen beiden Rollstuhlfahrer, die in der Nähe wohnen, kennengelernt. Wobei das eigentlich zu viel gesagt ist. Aber immer, wenn wir einander auf der Straße sehen, nicken wir uns verschwörerisch zu, so als ob man ein Mitglied einer geheimen Gang ist. Der Sankt-Martins-Zug ist ein Ritual, das uns gefällt: Es ist einfach schön, im Dunkeln mit den Laternen singend durch die Straßen zu ziehen. Und Friedrich gefällt es besonders gut, denn die Mischung aus Lichtergeflacker, Gesang und Ruckeln des Rollstuhls verbindet drei Dinge, die er besonders schätzt.

Wir waren natürlich sehr stolz, als er die Hauptrolle bei der Theateraufführung bekam, er hingegen war eher etwas genervt davon.

Es berührt uns sehr, mit welcher Hingabe und Leidenschaft die Betreuer der Heilpädagogischen Tagesstätten und Schulen jedes Jahr aufs Neue kleine Aufführungen, Feste und Spiele mit den Kindern organisieren. Ich selbst habe schon keine Geduld, wenn ich etwas basteln soll. Die Erzieher, Pfleger und Lehrer jedoch denken sich immer wieder etwas aus und haben Freude daran, mit den Kindern, die meistens nicht besonders tatkräftig mithelfen können, unermüdlich zu proben. Wenn dann zum Beispiel, wie an diesem Tag, die Sankt-Martins-Geschichte aufgeführt wird, rührt es uns sehr. Wir sind einerseits stolz auf ihn, gleichzeitig aber auch traurig, weil unerfüllbare Träume, die wir für Friedrich hatten, wieder in Erinnerung rücken. Träume von Einschulung, Schulaufführungen, Klassenfahrten und Festen, all den Dingen, die man das erste Mal im Leben macht und für die es bei Friedrich nie ein erstes Mal geben wird.

Am Ende sind das natürlich egoistische Wünsche, weil man die Erinnerung der eigenen Kindheit auf die des Kindes projiziert und sich wünscht, sie so noch mal zu erleben. Aber wem nützt schon eine vernünftige Erklärung?

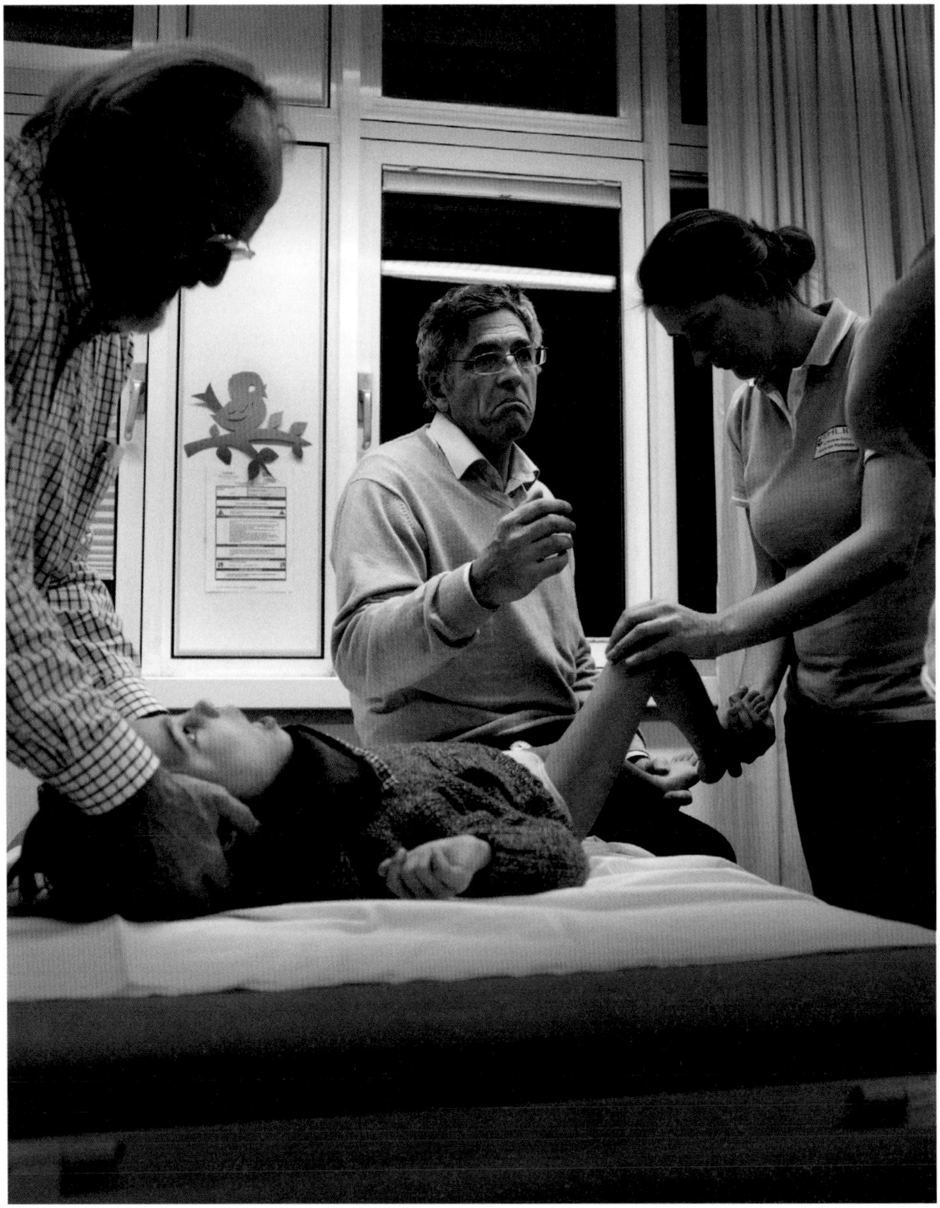

Gute Ärzte und Orthopädietechniker sind wichtig, denn, anders als bei gesunden Kindern, nehmen die Probleme mit Friedrichs Wachstum eher zu als ab. Wir sind froh, gut betreut zu werden. Auch wenn das, was wir über Friedrichs Aussichten dort hören, nie angenehm ist.

Der Professor ist ein hochangesehener Chefarzt einer orthopädischen Kinderklinik. Um ihn zu sehen und seine Einschätzung zu bekommen, fahren wir ein- bis zweimal im Jahr in den kleinen, idyllischen Ort am Rande der Berge. Dort treffen wir Familien aus der ganzen Welt. Viele kommen aus Krisengebieten, in denen Krieg herrscht und Kinder schlimme Verletzungen erleiden, zum Beispiel aufgrund von Tretminen.

Einerseits ist es schlimm zu sehen, welches Leid Kinder erfahren müssen, wie ihnen zum Beispiel Gliedmaßen amputiert werden müssen. Auf der anderen Seite ist es beeindruckend, wie ihnen dort mit Hilfe der Ärzte und Orthopädietechniker geholfen werden kann.

Vielleicht hinkt der Vergleich, aber wie bei der Raumfahrt scheut man dort weder Kosten noch Mühen, um die beste Lösung für das Problem zu finden. Die Patienten sehen manchmal aus wie Cyborgs aus einem Science-Fiction-Film, halb Mensch, halb Maschine. Es ist so erschütternd wie faszinierend zu sehen, wie sie mit den maßangefertigten Prothesen Bewegungen von gesunden Menschen einüben.

Für Kinder wie Friedrich ist die Ausgangslage anders: Er hat von Geburt an eine Disposition, die mit der Zeit immer schwieriger zu behandeln ist. Sie kam nicht plötzlich, etwa durch einen Unfall, sondern ist ein schleichender Prozess über Jahre hinweg. Das macht es schwierig vorherzusehen, wie schlimm es wird und wie lange die Maßnahmen, die man ergreift, wirksam sind. Da er nicht stehen kann und sich keine gesunde, den Fuß formende Muskulatur bildet, verformt sich dieser und muss mit sogenannten Orthesen umhüllt werden. Diese müssen mit dem Wachstum immer wieder neu angepasst werden. Dann wird Maß genommen, ein Abdruck gemacht, und an einem weiteren Termin eine Anpassung vorgenommen. Diese Anpassungstermine dauern meistens einen ganzen Tag, denn es dürfen auf keinen Fall Druckstellen entstehen. Deshalb werden die Orthesen Friedrich angezogen, der sie eine Weile anlässt, um zu sehen, ob sich etwas rötet; falls ja, wird noch einmal nachgearbeitet. Das Ganze braucht meistens vier oder fünf Anläufe und ist für ihn und auch uns sehr ermüdend.

Er liebt es, den Fahrtwind auf seiner Stirn zu spüren. Je höher die Geschwindigkeit, desto schöner für ihn. Hilfsmittel, die Spaß machen, wie diese Schlittschuhkufen, sind so wichtig, denn ohne sie muss die ganze Familie auf Lebensfreude verzichten.

In unserer Ungarn-Zeit fuhren wir eines Tages zu einer Sommerrodelbahn auf dem Land. Die Anlage war noch zu Ostblockzeiten gebaut worden und versprühte den Charme des Gulasch-Sozialismus. Als Erstes fuhr meine Frau mit Friedrich. Sie setzte ihn vorsichtig vor sich auf ihren Schoß und fuhr langsam die Bahn hinunter – keine Reaktion. Danach fuhr ich mit ihm und drückte den Bremshebel ganz nach vorne. Wir fuhren Vollgas, und plötzlich war er voller Freude und schrie vor Glück so laut, dass man es über den ganzen Hang hörte. Von da an wussten wir, dass er ein Speedfreak ist. Er liebt den Fahrtwind und die Erschütterungen, die ihn seinen Körper spüren lassen.

Wann immer sich die Gelegenheit ergibt, machen wir Sachen, die mit Geschwindigkeit zu tun haben. Zum Beispiel fuhr ich mit ihm im Reha-Rolli in den Bergen einen vereisten Hohlweg hinunter. Und meine Frau fuhr mit ihm sogar mal in der Achterbahn auf dem Oktoberfest. Heute geht das nicht mehr.

Sein Wachstum macht vieles schwieriger, und in der Konsequenz führt es zu weniger Freude und damit weniger Lebensqualität. Wir hoffen, dass er nicht irgendwann einmal traurig wird, so wie viele, denen es ähnlich geht. Schon früh sagte man uns, dass Kinder mit ähnlichen Behinderungen wie Friedrich trauriger werden, je älter sie sind, weil der Bewegungsradius immer kleiner wird. Am schlimmsten ist es für die, die geistig in der Lage sind zu reflektieren, was sie alles nicht können. Sie nehmen genau wahr, dass alles immer schlimmer wird, und haben Sehnsucht danach, dass es wieder so wird wie früher.

Es ist kein schönes Gefühl, auf Hilfe angewiesen zu sein. Aber es ist schön, wenn zwei junge Männer, die gerade von der Disko kommen, uns helfen, Friedrich die Treppe hochzutragen, weil Fahrstuhl und Rolltreppe defekt sind. Nicht nur für uns, sondern auch für die Jungs, die sich freuen, dass sie uns helfen konnten.

Gute Freunde luden uns in ihr Ferienhaus im Süden Frankreichs ein, um mit ihnen ein paar Wochen zu verbringen. Wir kannten das Haus von früher, denn dort lernten meine Frau und ich uns kennen. Wir freuten uns, dass wir nach so vielen Jahren wieder an den Ort zurückkehren durften, wo für uns alles begann. Wie jeder weiß, ist die Gegend schön und hat auch kulturell viel zu bieten. Meine Frau ist Architektin und wollte unbedingt das Haus von Eileen Grey, einer genialen Designerin aus den 20er Jahren des vergangenen Jahrhunderts, besichtigen. Es ist Teil des Weltkulturerbes, weswegen man sich für eine Führung anmelden muss. Wir fragten unsere Gastgeber, die schon mal da waren, ob man das Haus mit Friedrich besuchen könne, und laut ihnen waren nur ein paar Stufen zu überwinden.

Als wir dort ankamen, erstarrten die Angestellten sofort, als sie Friedrich sahen. Offensichtlich hatten sie es noch nie erlebt, dass ein so schwer behinderter Mensch Teil einer Führung sein wollte. Ihre Blicke schienen zu sagen: Sorry, die Villa ist wirklich nur sehr schwer zu erreichen (auch ohne Rollstuhl), und sie fragten uns, ob Friedrich laufen könne, weil der Weg zur Villa entlang des Steilhangs teilweise nur durch enge Zick-zack-Treppenstiegen führt, die obendrein noch von mannshohen Mauern umsäumt sind. Auf der anderen Seite wollten sie uns auch nicht wegschicken. Ein paar Iren, die hinter uns in der Schlange standen, bemerkten die Verzögerung und riefen: »No worries, we are going to help them.« Es war abenteuerlich. Um zum Grundstück zu gelangen, musste ich zusammen mit einem der freundlichen irischen Touristen den Buggy mit Friedrich, mittlerweile 38 Kilo wiegend, über unseren Köpfen die steile Treppe hinuntertragen. Wir sahen aus wie zwei Gewichtheber, die erfolgreich ihre Hanteln stemmten, nur dass unsere Hantel ein 14-jähriger Junge in einem Reha-Buggy war. Aber es klappte. Und wir alle waren glücklich, dass wir dem Schicksal ein

Schnippchen geschlagen und uns von den Widrigkeiten nicht hatten unterkriegen lassen.

Die Iren waren fast noch glücklicher als wir, sie sagten immer wieder: »That's what we are here for. To help each other.« Erst Monate später wurde mir die universale Bedeutung dieser Worte klar:

Deshalb sind wir hier. Um einander zu helfen.

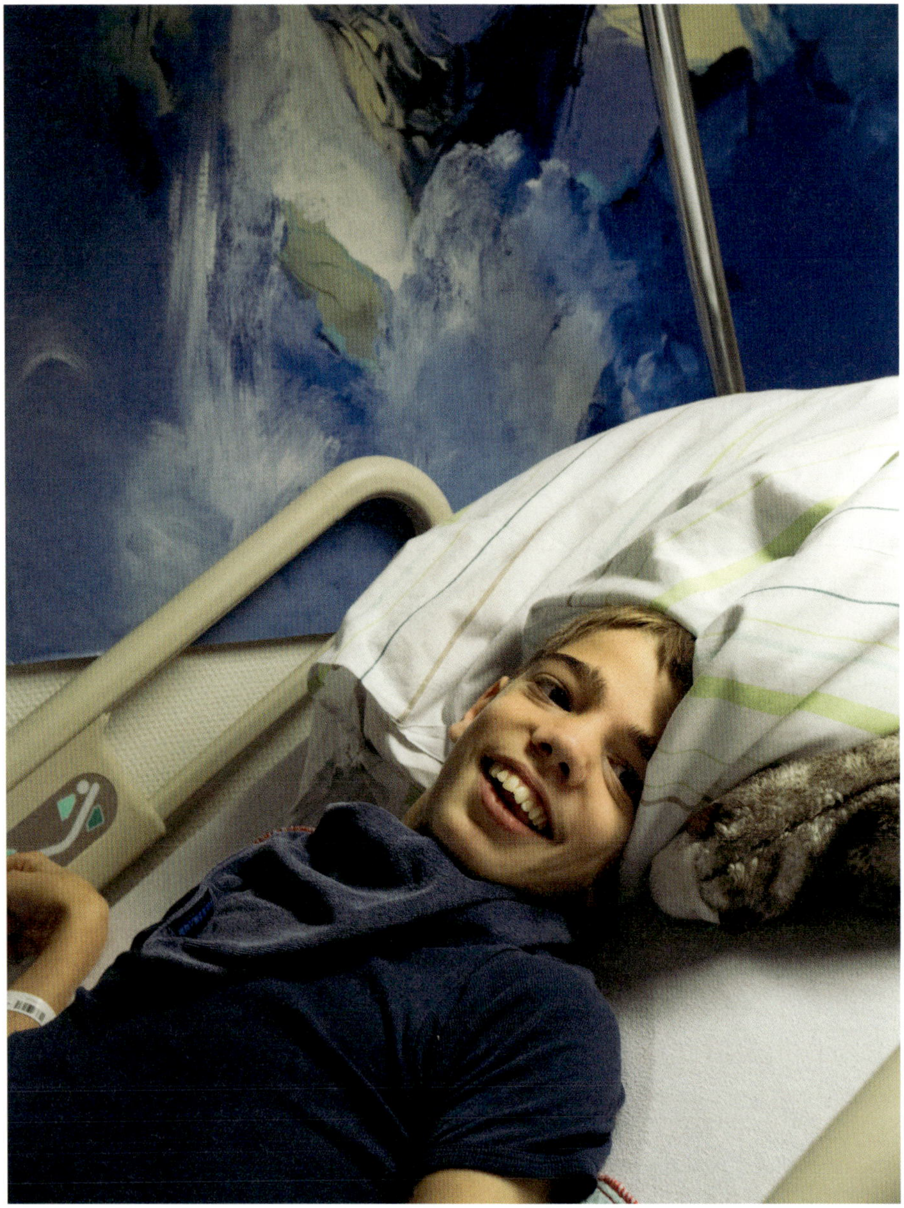

Er ist jetzt fast schon ein junger Mann. Die Pubertät macht es nicht einfacher. Noch können wir ihn zu Hause haben, aber der Tag wird kommen, wo es nicht mehr geht.
Wird er sich jemals verlieben? Wird er Menschen finden, die ihn lieben?
Wir wünschen es uns so sehr.

Wenn Friedrich lächelt und ich seine großen Augen und dieses direkt von Herzen kommende, völlig unverfälschte Leuchten in seinem Gesicht sehe, kommt es mir unglaublich vor, dass nicht jeder sofort von ihm gefangen ist. Klar, ich bin sein Vater und ich liebe ihn, deshalb kann ich nicht objektiv sein. Aber trotzdem bin ich überzeugt davon, dass Friedrich auch für andere eine intensive Ausstrahlung hat. Wäre er gesund, die Mädchen würden ganz gewiss Schlange stehen. Aber er ist nicht gesund. Er wird niemals eigene Kinder haben und auch niemals eine Frau, mit der er sein Leben teilt, Tag und Nacht. Er wird eine Sexualität haben, Triebe, die nie ausgelebt werden können. Das zu schreiben tut weh. Es ist eine so vernichtende Erkenntnis, dass ich am liebsten gar nicht daran denken möchte, was einmal aus ihm wird, wenn wir nicht mehr da sind.

Es ist die Liebe, die es uns ermöglicht, weiterzumachen. Menschen brauchen sie, ohne sie ist alles nichts, das steht schon in der Bibel, und ich finde, das gilt, egal, woran man glaubt oder nicht glaubt. Menschen brauchen einander und sind darauf angewiesen, dass es Menschen um sie herum gibt, die ihnen Liebe schenken. Friedrich kann Liebe schenken. Ohne zu sprechen, ohne jemandem in die Augen zu sehen. Wie er es macht, weiß ich nicht zu beschreiben, er ist einfach nur da, und das genügt.

Ich habe Angst davor, was in zehn, zwanzig Jahren einmal sein wird. Wir sind uns klar darüber, dass wir ihn nicht endlos bei uns haben können. Wir wissen, dass alles schwieriger werden wird. Schon jetzt spüren wir, dass er immer weniger Nestschutz erfährt, je größer und erwachsener er wird. Sieht man im Alltag mehrfach schwerstbehinderte Kinder schon selten, so sieht man mehrfach schwerstbehinderte Erwachsene fast gar nicht mehr. Es ist, als ob sie nicht existierten. Wer aus dem Blick der Gesellschaft geraten ist, um den kümmert sich die Gesellschaft auch weniger. Weniger

Aufmerksamkeit bedeutet weniger Geld und das bedeutet weniger Fürsorge. Das Nötigste wird getan. Auch wenn sicherlich viele Menschen hingebungsvoll mit diesen Menschen arbeiten, sind sie doch weitestgehend unsichtbar. Und wie alle Eltern wollen auch wir, dass unser Kind gesehen wird. In jedem Sinne, sein Leben lang.

Gustav Heinemann sagte einmal: »Man erkennt den Wert einer Gesellschaft daran, wie sie mit den schwächsten ihrer Glieder verfährt.« Wir sollten dafür kämpfen, dass es ein hoher Wert ist.

Frohe Weihnachten

Heiligabend 2005. Friedrich ist nicht einmal ein Jahr alt, als dieses Bild entstand, vor 13 Jahren. In dieser Zeit ist so viel passiert, viel mehr noch, als ich es in den vorangegangenen Seiten beschreiben konnte. Schönes und nicht so Schönes, wie in jedem anderen Leben auch. Doch ich kann mich noch genau an dieses Bild erinnern, daran, dass meine wunderbare Frau mit Friedrich auf »One« von Johnny Cash in unserer kleinen Wohnung tanzte und wie dann ich ihn wiegend hielt und mich tanzend drehte. Wie klein und leicht er war und wie lieb wir ihn hatten und wie wir uns nicht vorstellen konnten, dass er einmal so viel zu ertragen haben würde.

Wenn ich »One« höre, denke ich an diese Szene. Es ist das Lied, das uns seitdem begleitet, denn wir sind eins.

Lieber Friedrich, Dezember 2019

nicht oft habe ich Dir Briefe geschrieben, ein paar Mal, wenn ich auf Reisen war, und Deine Mama hat sie Dir vorgelesen. Heute, nach Jahren, schreibe ich an Dich, weil ich ein ganzes Jahr über Dich schrieb und Fotos von Dir zeigte. Es ging um Deine Kindheit und unser Leben mit Dir. Jetzt bist Du schon 15 Jahre alt und längst kein Kind mehr, vielmehr stehst Du an der Schwelle zum Erwachsensein. Zum Mannsein.

Auch ich war einmal 15, und in meiner Erinnerung war diese Zeit nicht leicht, an manchen Tagen war sie sogar sehr schwer. Aber es war auch spannend, denn es ist die Zeit, in der man sich fragt, wer man ist, was man aus seinem Leben machen möchte, was man für ein Mensch sein will und was für einen lebenswert ist. Zum ersten Mal spürte ich, was es damit auf sich hat, wenn die Erwachsenen sagen, dass das ganze Leben noch vor mir liegt: das Leben, das man selbst gestalten darf, ohne dass die Eltern es vorgeben. Irgendwann in diesem Lebensalter roch ich zum ersten Mal den Duft der Freiheit, noch sehr schwach zwar, denn ich war noch nicht fähig, für mich selbst zu sorgen, aber ich wusste, dass der Tag kommen wird, an dem ich auf eigenen Beinen stehen werde, und dass eine neue, selbstbestimmte und aufregende Zeit vor mir liegt.

An all das muss ich jetzt denken, wo Du auch so alt bist wie ich damals. Aber für Dich ist alles anders als bei mir, Du wirst nie auf eigenen Beinen stehen können, niemals ein selbstbestimmtes Leben führen können und es nach Deinem Gusto gestalten. Deine Zukunft wird schwerer sein, auch einfach, weil Du schwerer sein wirst und es für die Menschen, die sich um Dich kümmern, mühsamer werden wird, Dich zu pflegen. Es schnürt mir den Hals zu, wenn ich daran denke, und die sinnlose Frage taucht auf, ob ich etwas falsch gemacht oder etwas unterlassen habe, was Dein Schicksal abgewendet hätte. So dass Du gesund zur Welt gekommen wärst und heute vielleicht ein charmanter, sportlicher Jugendlicher wärest. Einer, der sich zwar hoffnungslos immer in die falschen Mädchen verliebt, aber nach langer Zeit dann doch die Richtige findet, so wie ich irgendwann die Mama fand. Warum darfst Du nicht ein Leben leben, wie ich es darf? Aber ich glaube, lieber Friedrich, Du verstehst gar nicht, wovon ich da schreibe, denn Du bist ja glücklich, so wie es ist, und die Zukunft kommt so oder so. Wenn Du es könntest, würdest Du mir wohl einen Vogel zeigen und sagen, ich soll mal mit dem sentimentalen Quatsch aufhören. Denn ich glaube, auf eine ganz besondere Art bist Du viel selbstbewusster als ich und die meisten Menschen. Du lebst im Hier und Jetzt und nicht im ungewissen Morgen. Und vielleicht bist Du ja auch wie der »Fool On The Hill« im Song von den Beatles, der auf einem Hügel steht und mit den Augen in seinem Kopf die Welt viel besser versteht als wir vermeintlich Sehenden.

Die vergangenen 15 Jahre waren für Deine Mama und mich nicht leicht, aber Du hast uns auch viel Freude gebracht, und neben all den Tränen und der Verzweiflung hast Du uns häufig zum Lachen gebracht. Deine Mama sagte mal sinngemäß, dass unser Leben mit Dir eigentlich genauso ist wie das anderer Eltern, mit Höhen und Tiefen, Freude und Sorge. Nur die Intensität ist größer, dramatischer und kräftezehrender.

Was wäre wohl gewesen, wenn das alles nicht passiert wäre, Du planmäßig im Mai als Frühlingskind auf die Welt gekommen wärst und nicht im März als Winterkind? Du das bisschen Sauerstoff mehr bekommen hättest, das Dir bei Deiner Geburt gefehlt hat? Du jetzt gesund und munter wärst? Viele Tränen wären nicht geflossen, viele Sorgen wären ausgeblieben, viele Ausgaben hätten wir nicht gemacht und hätten viel Zeit übrig gehabt, die wir nicht bei Therapeuten, in Kliniken und mit kafkaesker Bürokratie hätten verbringen müssen. Wir hätten viele andere Entscheidungen getroffen und vieles unternommen, was so nicht ging. Aber kein Mensch kann sagen, ob nicht irgendein anderes Unglück passiert wäre, Du uns vielleicht andere Sorgen bereitet hättest, vor andere Probleme gestellt hättest. Also lassen wir das. Wahrscheinlich bist Du von diesem lächerlichen »hätte, wenn und aber«-Gelaber schon genervt – so wie die meisten Jugendlichen von den Fragen der Eltern danach, wie es einem geht und was man mal beruflich machen möchte.

Lieber Friedrich, deshalb möchte ich lieber davon schreiben, wofür ich Dir dankbar bin, denn Du hast mir viel beigebracht. Zum Beispiel, dass das Leben schön ist, auch wenn es nicht so verläuft, wie man es sich gewünscht hat. Dass Glück dort entsteht, wo Liebe ist, und dass der Moment, also dieser Moment, jetzt, hier, während ich das schreibe, zählt und keine Prognosen und Vorstellungen. Denn Du lebst es mir vor. Jeden Tag. Du zeigst mir, wie schön es sein kann, Dich einfach nur anzuschauen. Deine Mimik und deine Hände, scheinbar ziellos, langsam hin und her schwenkend, zu betrachten. Ja, Du hast meine Sinne geschärft. Denn Du hast mir gezeigt, dass Kleinigkeiten, die mir bedeutungslos erschienen, wunderschön sind und mein Leben bereichern, wie zum Beispiel das Geräusch, das Du machst, wenn Du mit Deinen Fingernägeln auf der Tischplatte rumkratzt, oder das, wenn Du mit Deinem gelben Bärchen spielst. Dann weiß ich, Du bist da und es geht Dir gut.

Durch Dich haben wir so viele Menschen kennengelernt, die uns geholfen haben und die bei uns gestanden sind. Und Dich lächeln zu sehen ist sowieso das Schönste überhaupt.

Lieber Friedrich, ich wünsche Dir, dass Du Dein Lächeln nie verlierst und alles Glück dieser Welt für Deine Zukunft.

Ich hab Dich lieb.

Dein Papa